De olhos bem abertos:
rede de tráfico em Copacabana

Luiz Fernando Almeida Pereira

De olhos bem abertos: rede de tráfico em Copacabana

Coordenação da série
Alba Zaluar

ISBN — 85-225-0443-1

Copyright © Luiz Fernando Almeida Pereira

Direitos desta edição reservados à
EDITORA FGV
Praia de Botafogo, 190 — 14º andar
22250-900 — Rio de Janeiro, RJ — Brasil
Tels.: 0800-21-7777 — 0-XX-21-2559-5543
Fax: 0-XX-21-2559-5532
e-mail: editora@fgv.br
web site: www.editora.fgv.br

Impresso no Brasil / *Printed in Brazil*

Todos os direitos reservados. A reprodução não autorizada desta publicação, no todo ou em parte, constitui violação do copyright (Lei nº 5.988).

Os conceitos emitidos neste livro são de inteira responsabilidade do autor.

1ª edição — 2003

Revisão de originais: Maria Lucia Leão Velloso de Magalhães

Editoração eletrônica: Victoria Rabello

Revisão: Aleidis de Beltran e Mauro Pinto de Faria

Capa: aspecto:design

Ficha catalográfica elaborada pela Biblioteca
Mario Henrique Simonsen/FGV

Pereira, Luiz Fernando Almeida
    De olhos bem abertos: rede de tráfico em Copacabana / Luiz
Fernando Almeida Pereira. — Rio de Janeiro : Editora FGV, 2003.
    128 p. — (Violência, cultura e poder)

    Inclui bibliografia.

    1. Drogas — Abuso — Aspecto sociais — Copacabana (Rio de
Janeiro, RJ). 2. Tráfico de drogas — Aspectos sociais — Copaca-
bana (Rio de Janeiro, RJ). I. Fundação Getulio Vargas. II. Título.
III. Série

CDD – 362.293

Em memória de José Dias Pereira, meu pai,
e de Luís Rodolfo Vilhena.

SUMÁRIO

Violência, cultura e poder   9
Alba Zaluar

Agradecimentos   39

Introdução   41

CAPÍTULO 1
O jardim do pecado   47

CAPÍTULO 2
Os que chegam com a noite   61

CAPÍTULO 3
O toque do diabo   83

CAPÍTULO 4
A confiança por um fio   101

Conclusão   121

Bibliografia   123

APRESENTAÇÃO

Violência, cultura e poder

Alba Zaluar

A abordagem que adotei em 1980 para estudar a violência urbana, desde logo apresentada na mídia como resultado apenas da ação de pequenos e médios delinqüentes que habitavam as regiões mais pobres e as favelas da cidade, procurava desconstruir os estereótipos cristalizados na direita e na esquerda. Na direita, porque esses delinqüentes seriam os únicos culpados a serem encarcerados; na esquerda, por serem vítimas de um sistema iníquo que necessariamente fazia deles homens violentos e predadores. Não se fazia a conexão deste inusitado crescimento da violência entre os jovens pobres com as profundas transformações nas formas de criminalidade que se organizaram em torno do tráfico de drogas, em especial da cocaína, e do contrabando de armas, dois negócios extremamente lucrativos que atravessaram fronteiras nacionais e que passaram a mobilizar as várias máfias transnacionais com seus agentes pertencentes a classes sociais superiores. Não se falava do que representavam esses negócios no funcionamento de um mercado livre de quaisquer limites institucionais ou morais, com que nem os mais liberais entre os liberais sonharam, justamente por transacionar mercadorias ilegais.

A recusa em aceitar que novas formas de associação entre criminosos tivessem mudado o cenário não só da criminalidade, mas também da economia e da política no país, atrasou em muito a possibilidade de reverter o processo. Deixou livre o caminho para o progressivo desmantelamento nos bairros pobres daquilo que havia de rica vida associativa, tão importante no direcionamento de suas demandas coletivas e da sua sociabilidade positiva, civilizada. Deixou espalhar-se entre alguns jovens pobres um etos guerreiro que os tornou insensíveis ao sofrimento alheio, orgulhosos de infligirem violações ao corpo de seus rivais, negros, pardos e pobres como eles, agora vistos como inimigos mortais a serem destruídos numa guerra sem fim. E, ao final, permitiu abalar a civilidade dos moradores do Rio de Janeiro, que fora construída ao longo de décadas, principalmente pelos seus artistas populares, os sambistas. Todos esses aspectos do nosso drama de cada dia serão contemplados na série que ora apresento. Mas foi um longo percurso até chegar a eles.

Durante anos procurei entender os meandros e fluxos dessa extensa rede[1] que toma aspectos mais empresariais e organizados em alguns pontos, o que nos permite entender a logística eficiente de distribuição de suas principais mercadorias: as drogas ilegais e as armas. Concomitantemente, desde 1986 investigava os efeitos dessa atividade nas formações subjetivas dos jovens nela envolvidos, em especial sua concepção de masculinidade, na fragmentação social e no desmantelamento do associativismo presente nas favelas e bairros pobres da cidade.

Ocupei grande parte dos meus textos a dissecar o caráter organizado da criminalidade contemporânea, já que negá-lo seria ignorar a história — pois assim essa criminalidade se constituiu no término do sistema feudal na Itália, ainda durante o século XIX. Já então misturavam-se promiscuamente negócios e criminalidade, política e favoritismos, clientelismos, fraudes eleitorais e parcialidade na aplicação da lei ou fraude jurídica. O crime organizado na Itália, como em outros países do mundo, seria o resultado de profundas mudanças históricas que

---

[1] O conceito antropológico de rede social, que se caracteriza pela malha de relações que adquirem várias formas, é usado aqui para analisar as atividades ilegais que têm o caráter de negócio contínuo e que fluem por meio de relações interpessoais baseadas no segredo, na confiança sempre posta à prova, no conhecimento das pessoas e nos acordos tácitos entre elas. Aplica-se especialmente aos níveis mais baixos do tráfico de drogas.

provocaram hibridismos culturais, rearranjos da propriedade fundiária e jogos políticos complexos, tudo ao fio da navalha de uma violência sem perdão. A comparação com a Itália pode ser esclarecedora.

O que nos interessa é que a máfia nunca foi fenômeno rural, tradicional e de ordem pública paralela na Sicília, mas sempre esteve conectado com o controle ilegal ou ilegítimo de mercados, contratos e negócios, tendendo ao monopólio econômico e à vitória eleitoral garantida. Por isso mesmo, o discurso da direita desde sempre foi o de que mafiosos seriam os pequenos delinqüentes, os bandidos, os insubmissos ao serviço militar, mas não os grandes negociantes nem os políticos que protegiam. Ainda mais direitista é a teoria explicitamente racista que fala da cultura inferior e da ausência de "vigor da raça" para explicar a máfia no Sul da Itália. O que une todos esses discursos preconceituosos é a idéia de que a Sicília não passava de uma sociedade violenta, bárbara e primitiva que culturalmente tendia a privatizar a coisa pública. Os italianos do Norte e, posteriormente os anglo-saxões, ao sublinharem a diversidade sociocultural da ilha, a máfia como metáfora do atraso, da falta de interlocutor político ou de opinião pública, recusavam-se a enxergar, por endurecimento etnocêntrico, processos criminógenos em suas próprias sociedades que resultaram no espantoso poder assumido pela máfia no século XX, tanto em todo o território da Itália quanto nos EUA. O mesmo parece ocorrer hoje no Brasil nas tentativas bairristas de explicar o crescimento da violência como resultado da "cultura carioca" baseada na malandragem, por extensão nos favelados — negros, pardos e brancos pobres — da cidade. Mas entre moradores de cidades de outros estados em que os crimes violentos também aumentaram, como São Paulo, são os migrantes nordestinos, pobres e pardos, que ocupam o lugar do bode expiatório.

Mais um ponto de irônica coincidência entre os aparecimentos do fenômeno mafioso lá e do crime organizado em torno de negócios internacionais aqui é o efeito de certa presença militar na formação de hordas de fugitivos na Itália e de marginais no Brasil. Segundo Salvatore Luppo, autor de brilhante história da máfia que uso na comparação, a máfia deriva do hiato entre a palavra e a coisa, entre a promessa do Estado liberal — liberdade comercial e de opinião, igualdade jurídica, governo da lei e transparência — e a realidade que não as concretiza. O governo central da Itália aplicou, por exemplo, na ilha da Sicília, a Lei Pica, de 1863, que permitiu ao general G. Médici recuperar os insubmissos do serviço militar, ocupando *manu militari* regiões e cidades, perseguindo os parentes dos insubmissos com a aplicação de um conceito de responsabilidade coletiva diante da autoridade militar. Em conseqüência, o número de fugitivos da "lei", que já eram 26 mil em 1863, aumentou várias vezes. O governo, isolado politicamente, fez uso de assassinos para aprisionar os fugitivos. O estado de direito demorou a se afirmar, permitindo a difusão da força privada que o atrasou ainda mais, auxiliado pelos sucessivos governos de exceção. Como aqui, lá então a força pública não era profissional e aprendia com capangas, vigilantes e bandidos. As transações se davam entre proprietários e mafiosos, mas também entre o governo central e os bandidos, os quais as autoridades deixavam passar e agir para eliminar outros bandidos, sistema similar aos grupos de extermínio que se espalharam pelo Brasil nas décadas de 1970 e 80. Foi essa estratégia de centralização forçada, e não a mediterrânea cultura da desconfiança, a parteira da máfia na Sicília. Até que ponto o regime militar contribuiu para que o crime organizado se espalhasse com tanta rapidez pelo Brasil nos anos 1970, e o tráfico nos anos 1980, é outra história a ser contada aqui.

Na Sicília, intelectuais afirmavam não ser o mafioso um ladrão, nem um criminoso, mas "o exacerbado conceito da própria força individual (...) a intolerância pela superioridade e, pior ainda, pela prepotência alheia".[2] Ele seria o homem honrado, o da *omertà*, derivada da raiz *uomo,* homem que virilmente responde por si mesmo às ofensas sem recorrer à justiça estatal. Esta era a descrição culturalista de um sistema fechado baseado na desconfiança em relação ao Estado, na justiça pelas próprias mãos, na honra, no clientelismo, no familismo

---

[2] Luppo, 2002.

amoral que retira do indivíduo a percepção de responsabilidade diante da coletividade maior, usada por advogados de mafiosos nos processos judiciais, eles próprios defensores das teorias antropológicas sobre os "meridionais" (aqui pode ler-se nordestinos, favelados, negros, pardos e brancos pobres). Entretanto, o crime organizado teria aparecido justamente com a modernização, em razão do hibridismo cultural entre o velho e o novo e da complexidade política adquirida num país que custou a consolidar o estado de direito. Em 1875 já aparecem os fatos relativos à "nova máfia", delinqüente e negocista, mas atuando no moderno mercado internacional.

Esta, como empresa, não seria, então, criação dos anos 1970, fazendo feroz acumulação capitalista especialmente no narcotráfico. O velho mafioso que desejava apenas consideração social, sem ambição de enriquecer, simplesmente nunca existiu. Arrendatários do século XIX também eram empresários, especuladores da "pólvora e do chumbo". Não era o camponês ignorante, mas o cavalheiro muitas vezes milionário, que fazia negócios de enxofre na Londres de 1922. Nas últimas décadas do século XX, o novo empresário mafioso, traficante de drogas e de armas, tem atividades imobiliárias, financeiras e comerciais de lavagem do dinheiro sujo que fazem dele sobretudo um *rentier*, nunca um empreendedor capitalista schumpeteriano.

Como negócio, a função básica do crime organizado sempre foi o *racket*, esquema que oferece proteção para garantir o monopólio da empresa, com isto intimidando física e verbalmente os traidores, os competidores, as testemunhas e os concorrentes. No mundo dos negócios, como da política, a máfia criou a desordem e a insegurança para organizar e manter sob controle a economia legal. Ou seja, não se pode menosprezar o fator extorsão em favor da proteção, o que leva o sociólogo italiano Gaetano Mosca a afirmar que a vítima paga um tributo à quadrilha, na ilusão de que é presente gratuito ou serviço prestado. Mais uma vez, uma entrada no mercado, livre de quaisquer limites, de modo a vencer sempre os concorrentes e fazer dinheiro da própria garantia de sucesso no empreendimento. A cumplicidade e a promiscuidade nas relações fizeram com que os chefões da máfia, sob a tutela e proteção de políticos e personagens influentes, viessem depois a proteger e defender os últimos. Essas relações promíscuas ainda são pouco conhecidas no Brasil, mas é preciso conhecê-las.

Estava criada a indústria da proteção, da qual despontou o caráter duplo das atividades da máfia que remetiam a um duplo modelo de organização: o *power syndicate*, que monta o esquema de proteção/extorsão, exercido por unidades de organizações que recebem o nome do território onde adquirem poder; o *enterprise syndicate*, que desenvolve uma rede de negócios que corta transversalmente as organizações e da qual alguns afiliados podem participar como um favor, arriscando capitais e acumulando riquezas individualmente. Os dois modelos entram em choque, mas se conectam, confundindo protetores (mediadores, fiadores) e protegidos. Se na máfia americana favorece o crime-negócio ou o modelo da empresa, isso não reduz a máfia siciliana a uma forma de clientelismo de padrinhos e clientes reproduzido em parte pelos italianos nos EUA. Pensar de outro modo é negar-se a considerar a organização montada para extrair grandes lucros de negócios legais e ilegais, bem como o papel crucial exercido pela violência nela.

Tampouco se deve entender a máfia como poder paralelo, já que há necessária conexão entre ela, a polícia e as instituições. Criminosos empresários relacionam-se com pessoas importantes, políticos, policiais e juízes. O conceito de anti-Estado é exagerado nesse sentido, pois o crime organizado está ligado ao poder oficial e é preciso estar atento às reviravoltas dessas redes fluidas dos personagens públicos e exteriores à organização criminosa que se imiscuem com ou se sobrepõem a ela.

Contudo, ainda segundo Salvatore Luppo, o crime organizado guarda muita coisa de sociedade secreta, com seus rituais iniciáticos. Por isso mesmo, nega a cultura generalizada, tradicional e fechada; o iniciando torna-se novo ser, tábula rasa para receber o conhecimento e a ordem do grupo. A *omertà* é um dos lados da moeda, cujo outro lado é a subordinação à vontade da organização, ou seja, a *umiltà*.

Como nas organizações maçônicas, no crime organizado o delator é chamado de infame e a organização está sempre pronta a matar ou denunciar à polícia os seus inimigos, por meio de cartas anônimas ou por vias secretas. Faz regulamentos e estatutos, além de dispor de autoridades legislativas e tribunais que decidem e punem sem clemência. Na Itália, a ruptura só acontece em 1979, quando a máfia se torna terrorista, assassinando juízes, políticos honestos, políticos corruptos, rompendo com seu passado prudente de mimetismo e acordos com o poder constituído.

No Brasil, a publicação recente dos documentos que continham o regulamento do Comando Vermelho, bem como a aplicação da pena máxima para quem ouse denunciar ou prejudicar os negócios das quadrilhas que controlam favelas e bairros pobres de várias cidades brasileiras, apontam na mesma direção. Não há mais como negar o que se torna cada vez mais evidente. Aqui também o desespero ou a bravata têm feito traficantes deixar os limites protegidos pelos arranjos de poder para invadir o espaço urbano até há pouco tempo respeitado. Teremos também formas de terrorismo já encontradas em outros países? As últimas atividades conjuntas do PCC de São Paulo e do Comando Vermelho no Rio de Janeiro e as mortes de juízes em São Paulo e Espírito Santo, de diretores de presídio e de um promotor carioca em Minas Gerais fazem crer que sim.

Ainda não se fez, no Brasil, uma história do crime organizado, desde aquele que sempre presidiu a legalização da propriedade fundiária até o mais recente, do tráfico ilegal de drogas que tornou as redes mais extensas, mais globais e muito mais difíceis de ser controladas. Apenas nos últimos anos a investigação policial e dos promotores e procuradores do Estado permitiu começar a levantar o véu que encobria a crucial participação de políticos, empresários e negociantes em diversos esquemas de lavagem do dinheiro fruto da corrupção ou de negócios escusos, o véu que afirmava a correlação entre pobreza e criminalidade, sem tornar complexos os processos de interconexão das várias atividades ilegais de personagens com diferentes origens sociais. Recentemente soube-se da fórmula elaborada em São Paulo para tirar dinheiro dos cofres públicos via superfaturamento de precatórios, agora também descoberta em vários estados nordestinos. Esses mesmos personagens, de famílias importantes e grandes partidos políticos, também participam do esquema de remessa de dinheiro para o exterior e de troca de reais por dólares, além dos imóveis comprados em nome de terceiros, os "laranjas". Ainda há muito a desvendar no que se refere aos inúmeros tráficos existentes no Brasil.

Portanto, lá como cá, também foram os bandidos pobres e pouco importantes que sempre pagaram na prisão os crimes dos ricos ainda tão impunes. Na Sicília, em pleno século XIX, formaram-se quatro anéis ou redes na cadeia, em torno dos quais se colocaram miríades de guardiões, ladrões, bandidos e policiais. Contudo, essas redes pouco tinham a ver com a solidariedade familiar, o clientelismo e a amizade. Já em 1866, o presídio é definido como a "universidade do crime" e o "governo das quadrilhas". Já vimos esse filme. Nem é a máfia forma primitiva de luta de classes, como afirmou Hobsbawm, pois não há na sua ideologia nenhum socialismo salvador que trará a modernidade. Ao contrário, os mecanismos mafiosos se consolidam e se tornam autônomos na lógica da proteção/extorsão.

Tampouco a existência de conflitos negaria a organização, pois, ao contrário, a guerra explode quando um se divide em dois. Também o modelo do mafioso notável, protetor e mediador subestimaria o papel da violência na definição da hierarquia e das ascensões muito rápidas, sempre necessitando confirmação do poder do chefe. Numa organização de dupla função ou linhas — a do poder (que cuida da proteção/extorsão em estrutura territorial estável) e a da organização empresarial (que cuida dos negócios ilícitos), esta minimizando os riscos através da confiança das relações pessoais (muito mais difícil quando o tráfico de drogas passa a dominar) —, é claro que a violência tem papel crucial.

No tráfico, pela extensão da rede e pelas muitas possibilidades de deixar rastros na sua passagem, os criminosos estão mais expostos à delação e à traição. Os contatos externos ameaçam a unidade da organização familiar, nuclear ou local, que fornece a permissão para que seus membros possam participar dos negócios. Na linguagem da favela, é preciso ter conceito e ganhar a consideração dos chefes para poder traficar. Mas aqui as relações de parentesco (consangüíneo ou de compadrio) não garantiram nunca a estabilidade dos laços de confiança mútua, muito precários e sujeitos a crises, imediatamente desencadeadoras de conflitos violentos. Portanto, não são os negócios que desencadeiam todos os conflitos, mas a dinâmica do tráfico em questão e a ocupação de determinado setor em detrimento de outras unidades de organização e de outras pessoas. A guerra resultante é a que se vê e se ouve em algumas favelas e seu entorno nas mais ricas cidades brasileiras.

Com o *boom* do negócio das drogas no final dos anos 1970, chefes sicilianos como Buscetta e Badalamenti adquiriram poder internacional, permitindo a transferência de rios de dinheiro do novo para o velho mundo pelos canais bancários, principal pista seguida pelo juiz Falcone. Uma terceira máfia se forma, nem ítalo-americana, nem siciliana, a máfia negociante do tráfico, independente de ambas, que assinala uma fragilidade adicional aos complicados jogos de interesse e poder dos negócios fora da lei. Em 1977, assinala-se o momento crucial dessa conexão, seguido de muitas mortes — em torno de mil ou 500 — entre 1981 e 1982, sob a acusação de avidez desmedida pelo dinheiro de alguns mafiosos. O *power syndicate* vence os negociantes da droga, perseguindo e matando membros de suas famílias, mesmo crianças e mulheres, e se apodera dos lucros e do controle sobre o tráfico. Disso resultam divisões dentro das famílias, que desaparecem como unidade básica da organização, em favor das redes comerciais mais extensas, pois todos os membros da família queriam comerciar. John Gambino (falecido em 11 de junho de 2002) vai para a Itália para renegociar, pois os caminhos tinham se interrompido. Em fevereiro de 1984, Badalamenti telefona do Rio de Janeiro para os EUA afirmando que a eles cabia o tráfico de heroína. Também no Brasil, Buscetta é preso e interrogado por Falcone, depois de ter dois filhos e irmãos assassinados pelo *power syndicate*.[3] Teria sido mero acaso ou férias na praia a razão da presença de tão importantes mafiosos no Brasil, justo quando se registra a ascensão geométrica das taxas de homicídio entre nós e se inicia a cópia do modelo de gangues armadas nas favelas do Rio de Janeiro e outras cidades brasileiras?

Segundo o Conselho Social e Econômico das Nações Unidas,[4] o crime organizado transnacional hoje tem a capacidade de expandir suas atividades a ponto de ameaçar a segurança e a economia dos países, particularmente os que estão em transição e desenvolvimento, e representa o maior perigo que os governos têm de enfrentar para assegurar sua estabilidade e a segurança de seu povo, a preservação de toda a tessitura social e a continuidade de seu desenvolvimento.

Muitos estudos internacionais indicam que, na ponta do consumo, a demanda que garante os altos lucros do empreendimento ou da "indústria da droga", como o chamam alguns,[5] seria decorrente tanto de mudanças nos estilos[6] de vida, que por sua vez teriam modificado o consumo, quanto da montagem de círculos viciosos para os usuários abusivos de drogas que já enfrentam variados problemas socioeconômicos, tais como repetição ou baixo rendimento escolar, desemprego, discriminação, pobreza e conflitos familiares.[7] As mudanças no consu-

---

[3] Luppo, 2002.

[4] Apud UNDCP, 1997.

[5] UNDCP, 1997.

[6] Estilo, conceito-chave do projeto que deu origem à série Violência, Cultura e Poder, é usado para substituir os contestados conceitos de cultura e subcultura que têm pressupostos e conseqüências teóricas inaplicáveis na rapidez com que identidades e práticas sociais vão sendo modificadas e operadas pelos agentes sociais no mundo globalizado. Usado primeiramente pelo Centro de Estudos Culturais de Birmingham para representar aquilo que era chamado "cultura jovem", estilo passou a ser o termo mais adequado para falar das incorporações rápidas e efêmeras da moda em vestuário, música, arte, linguajar e outros comportamentos juvenis que não mais conseguiam ser exclusivamente interpretados pela perspectiva holística da religião ou da cultura de classe, embora não totalmente desconectados destas, por estarem imbricados com o desenvolvimento progressivo de um mercado de bens culturais e simbólicos cada vez mais parte do que se chamou "sociedade de consumo" (Hall, 1980; Featherstone, 1997).

[7] UNDCP, 1997; Tullis, 1995.

mo — do consumo familiar para um consumo "de estilo", muito mais caro, que inclui o uso de drogas[8] —, observadas como um dos efeitos do processo de globalização, favoreceram igualmente o aumento impressionante verificado em certos crimes contra a propriedade (furtos e roubos) e contra a vida (agressões e homicídios).[9]

No Brasil, as drogas ilícitas continuam criando focos de conflito sangrento nos territórios da pobreza. O governo sempre adotou medidas repressivas no combate ao uso de drogas e a polícia tem um enorme poder em determinar quem será ou não processado e preso como traficante, crime considerado hediondo. No que se refere à administração da justiça, jovens pobres e negros ou mulatos são presos como traficantes, o que ajuda a criar a superpopulação carcerária, além de tornar ilegítimo e injusto o funcionamento do sistema jurídico no país. Policiais costumam prender meros fregueses ou pequenos repassadores de drogas (aviões) para mostrar eficiência no trabalho. A quantidade apreendida não é o critério diferenciador e nem sempre as outras provas materiais, tais como agendas telefônicas e armas, são registradas na ocorrência policial, impossibilitando qualquer investigação séria posterior. A indefinição da legislação favorece o abuso do poder policial que, por sua vez, vai inflacionar a corrupção que apaga as demais provas.

No Rio de Janeiro, coordenei o trabalho de campo de 10 alunos da Uerj, assistentes de pesquisa[10] no Subprojeto Redes de Tráfico e Estilos

---

[8] Sassen, 1991; Featherstone, 1997.

[9] Sullivan, 1992; Tullis, 1995; Rydell et al., 1996; UNDCP, 1997.

[10] A pesquisa foi financiada pela Secretaria de Direitos Humanos do Ministério da Justiça, a partir de setembro de 1999 até maio de 2000, na gestão do secretário José Gregori. Participaram da pesquisa Luiz Fernando Almeida Pereira, Rodrigo Monteiro, Ana Paula Pereira da Gama Alves Ribeiro, Fátima Regina Cecchetto, Liliane Gomes de Souza, Laerte Vallerini Neto, Maria Alice Rezende Gonçalves e Francisco A. G. Agra, todos da Uerj. O CNPq concedeu bolsas de iniciação científica a dois alunos, uma bolsa de apoio técnico para pesquisa e uma bolsa de produtividade em pesquisa. A Uerj forneceu duas bolsas de iniciação científica, além da infra-estrutura necessária, em equipamentos, pessoal e biblioteca. A Faperj concedeu bolsa de mestrado a um aluno. O Nuseg financiou a compra de dois computadores, além de pagar dois alunos pelo período que durou a primeira fase da pesquisa. Nas segunda e terceira fases, as verbas do Pronex financiaram toda a pesquisa. As alunas Fátima Cecchetto, Ana Paula da Gama Pereira e Liliane de Souza tiveram bolsa de doutorado do CNPq e bolsas de mestrado da Capes.

de Consumo em Três Bairros do Rio de Janeiro, do Núcleo de Pesquisa das Violências (Nupevi), realizado em três fases: entre 1999 e julho de 2000, entre 2001 e 2002 e em 2003. Os livros desta série baseiam-se em suas teses e incluem um volume reunindo meus escritos.

A hipótese inicial de trabalho, que deu título ao projeto e provou sua relevância para entendermos o que se passa no Rio de Janeiro, baseou-se no caráter interativo dos circuitos, redes, estilos de lazer e processos sociais mais difusos. Estes culminam numa atividade criminosa — o tráfico de drogas — vinculada a negócios, mas que, no varejo, pode ser regular ou irregular, meio de vida ou de enriquecimento e ainda intermitente e temporária. Esta hipótese estaria relacionada à incidência diferencial de alguns crimes, observada nos três bairros escolhidos do Rio de Janeiro. Hipótese secundária, mais centrada nos efeitos do abuso de drogas, afirma que drogaditos em tratamento tendem a cometer menos crimes contra a propriedade e contra pessoas do que os que não estão sob tratamento. Relatório recente da ONU[11] e pesquisa realizada em Miami demonstram, por exemplo, que drogaditos em tratamento tendem a cometer entre quatro e 10 vezes menos crimes contra a propriedade e contra pessoas do que os que não estão sob tratamento, ou que o tipo de droga usado, o padrão de uso e o estilo de vida do usuário têm efeitos sobre a atividade criminosa em que se envolvem.

Estudos também mostram que, dependendo do nível de atividade, os padrões de distribuição das drogas ilegais são divergentes, ou seja, variam se o tráfico é de atacado, de intermediários ou de varejo;[12] variam segundo a droga negociada; variam segundo o tipo de organização do pagamento (se na folha de pagamento, se em função de políticas pessoais); finalmente, divergem se o narcotráfico está aliado ou não a grupos terroristas e como competem pelas parcelas do mercado. Pelo que já se conhece hoje, no caso da cocaína, que é o que mais nos afeta no Brasil, a indústria é concentrada e não está baseada em pe-

---

[11] UNDCP, 1997.

[12] Tullis, 1995.

quenos estabelecimentos; os camponeses produtores recebem uma ínfima parcela da renda produzida com o negócio; o comércio, por sua vez, tornou-se organizado em cartéis e máfias nos seus mais altos níveis, porém ramificado e descentralizado no varejo. Sua lucratividade, embora não exista consenso a respeito das taxas por causa da dificuldade de obter os dados, é tida por todos os autores como favorecendo principalmente os grandes atacadistas e maiores intermediários na rede hierárquica de conexões.[13]

Outros estudos abordam a dificuldade da separação entre traficante e usuário, sombreada pelos efeitos do vício que a droga proporciona. Pesquisas do tipo *survey*, muito caras e de difícil metodologia,[14] foram conduzidas nacionalmente nos EUA com a conclusão de que são os homens, mais do que as mulheres, que usam drogas ilegais; os homens mais novos (18-25 anos) do que os mais velhos; os desempregados mais do que os empregados; os solteiros e divorciados mais do que os casados.

Existem igualmente estudos mais focalizados empregando várias metodologias que se concentraram nas relações familiares, de emprego e de vizinhança que os usuários de drogas mantêm. Suas conclusões contestam as idéias de senso comum que associam tais comportamentos à pobreza ou aos "lares desfeitos", mas discutem achados de outras pesquisas que apontam o grupo de pares como crucial na escolha, pelo adolescente, do uso regular das drogas ilegais. Alguns deles procuram mostrar que não é a pobreza e sim as próprias exigências do funcionamento do tráfico que desenvolvem o comportamento violento associado ao uso de drogas.[15] Outros juntam evidências de que não é tanto a família chefiada por mulher ou a separação dos pais, mas as relações entre pais e filhos — se de diálogo aberto sobre a questão das

---

[13] Fonseca, 1992; Bettancourt & Garcia, 1994; Tullis, 1995; Labrousse & Koutousis, 1996; UNDCP, 1997.

[14] Rydell et al., 1996; UNDCP, 1997.

[15] Zaluar, 1985, 1993 e 1994; Thoumi, 1994.

drogas ou não — que induz o hábito de usar drogas. Seria, então, a violência doméstica e a ausência dos pais mais do que a separação entre eles a razão por detrás do uso de drogas. Outro ainda discute, com base em dados empíricos, que a importância da influência do grupo de amigos tem sido exagerada e que a escolha dos próprios amigos já está marcada pela preferência por tal ou qual droga e o desejo de experimentá-las.[16] A curiosidade e a valorização do proibido e do próprio risco, características da adolescência e do desejo de se afirmar como alguém capaz de enfrentar a morte, fazem do uso de drogas proibidas uma atração constante para os jovens,[17] só superada pela informação, pelo diálogo e pela preocupação demonstrada pelos adultos.

A pesquisa de campo foi realizada em três bairros do Rio de Janeiro que dão nome a três regiões administrativas da cidade (Copacabana, Tijuca e Madureira), correspondendo a 14% da população do município. A escolha dos três bairros deu-se em função da conhecida diferença de poder aquisitivo entre seus moradores. Esse fato permitiria controlar os índices disponíveis sobre criminalidade pelos dados socioeconômicos, com o objetivo de discutir se estes seriam suficientes para explicar os diferenciais encontrados.

Na comparação entre os três bairros escolhidos, foram utilizadas várias fontes de dados. As estatísticas oficiais da polícia foram coletadas para conhecermos a incidência de alguns crimes, tidos como vinculados ao crime organizado e às dívidas que os compradores de suas mercadorias e serviços contraem, tais como roubos e furtos de autos, outros roubos e furtos; ou então os que são resultado dos métodos de resolução de conflitos internos, como o homicídio, também denominados homicídios sistêmicos. Os dados do IBGE sobre as regiões administrativas onde estão localizados os bairros pesquisados permitiram a comparação demográfica, socioeconômica e de atividades econômicas para ajudar a entender as condições de vida nesses bairros, espe-

---

[16] Bauman & Ennett, 1996.

[17] Ibid.; Katz, 1988; UNDCP, 1997.

cialmente de seus jovens, principais protagonistas e vítimas dos crimes violentos, sobretudo de homicídio.

As maiores diferenças entre Tijuca e Copacabana ficam nas faixas mais baixas e mais altas da renda do chefe de família, isto é, na Tijuca há mais pobres e menos ricos do que em Copacabana. A desigualdade seria, portanto, maior em Copacabana do que na Tijuca, mas na Tijuca haveria mais pobres convivendo com pessoas de classe média e alta. Madureira apresenta, nos extremos, o oposto da distribuição de renda de Copacabana: 40 e 37% dos domicílios abaixo da linha da pobreza, 5,4 e 7,5% nas faixas mais altas de renda, respectivamente. A desigualdade dentro de Madureira é a menor entre os três bairros e há poucos ricos convivendo com pobres; no entanto, é o bairro que apresenta maior número de homicídios, roubos de autos e outros roubos, além de ser o segundo em outros furtos. Mas, se não há dúvidas quanto à maior incidência de crimes violentos em Madureira, eles indicam que isso ocorre intraclasse, mesmo em roubos, crimes contra a propriedade, ditos como mais comuns nas áreas mais ricas. Portanto, não é a desigualdade dentro do bairro nem a "cidade partida" em termos de renda que podem explicar essas altas incidências. É preciso entender que pobres são esses e que mudanças são operadas nas favelas mais afetadas pelo etos da violência, os estilos de consumo, os estilos de lazer, as políticas institucionais e comunitárias de prevenção ao uso de drogas nos três bairros, além da forma como sua população masculina jovem usufrui do lazer, faz uso de drogas ilegais e se relaciona com as quadrilhas de traficantes existentes nos bairros.

Madureira tem população de 373 mil habitantes, dos quais 47% são jovens entre 0 e 29 anos de idade, e 23% são crianças e pré-adolescentes entre 0 e 14 anos,[18] ou seja, quatro vezes mais pessoas nesta última faixa de idade (83.263) do que a região administrativa de Copaca-

---

[18] Em algumas favelas selecionadas do Rio de Janeiro, os dados são ainda mais impressionantes: 31% de sua população são crianças de 0 a 14 anos, 51,9% jovens entre 0 e 29 anos, 37,6% entre 10 e 29 anos, segundo tabulações especiais feitas no IBGE por Jane Souto de Oliveira, 1998.

bana (20.391), embora tenha apenas o dobro da população deste bairro. Os adultos correspondem a cerca de 40% do total, e as pessoas de 60 anos e mais, 13%. Madureira tem, relativamente aos dois outros bairros, o maior contingente em números absolutos e relativos de crianças e jovens, e o menor de idosos.

Esse fato, sem dúvida, contribui para que o bairro seja o que exibe as taxas mais altas de crimes violentos, sobretudo o homicídio, que envolvem os jovens como autores e vítimas. Mas não explicaria a alta incidência de roubos e outros furtos, já que sua população, além de jovem, é mais pobre. O que nos faz duvidar da teoria das zonas morais, difundida pela escola de Chicago na década de 1920, é o ambiente descrito pelos seus moradores como um local onde "todos se conhecem", o que lhe dá um caráter de rede quase fechada, característica dos grupos primários nos quais o controle social informal seria maior. Não há nem o anonimato nem a licenciosidade encontrados em Copacabana, bairro que, segundo essa teoria, deveria apresentar mais altas taxas de criminalidade. A questão, portanto, não parece ser nem o anonimato, nem a impessoalidade, nem a anomia nas relações sociais, mas sim a falta de regras e o conteúdo das novas regras que vão surgindo no vazio institucional que se forma a partir da sinergia entre a economia subterrânea, as organizações locais e as instituições supostamente encarregadas de manter a lei e a ordem.

Apesar de ter o maior percentual de idosos e adultos, Copacabana está longe de ser um bairro conservador ou convencional. O fato de ser importante centro turístico e de boemia da cidade, o anonimato, o cosmopolitismo e a tolerância, além da licenciosidade, marcam o bairro desde o seu início pela convivência de pessoas de diferentes idades, opções sexuais, etnias, raças e classes sociais. Esse aspecto foi acentuado pela propaganda em torno do seu potencial turístico, que continua atraindo pessoas de toda a cidade, do estado, do país e do mundo a visitá-lo. Se essas características facilitam o aparecimento de tais desvios ou comportamentos pouco convencionais, não explicam a menor incidência de crimes violentos contra o patrimônio e contra a pessoa.

Portanto, a teoria das zonas morais não poderia explicar o que acontece hoje no Rio de Janeiro.

Por fim, foi necessário estudar a organização do tráfico em cada um desses locais, escolhidos justamente por terem inúmeros estabelecimentos legais de lazer e boemia, além de várias favelas. As ligações entre os traficantes do asfalto e da favela, assim como entre os usuários e esses traficantes, foram objeto de investigação minuciosa, de caráter qualitativo mais do que de teste de hipóteses, utilizando técnicas de observação participante e entrevistas.

No trabalho de campo, a observação silenciosa e discreta, junto com as entrevistas aprofundadas que seguiam um roteiro aberto, mostrou ser este método essencial para revelar as redes de tráfico e estilos de consumo numa situação de pesquisa repleta de riscos e perigos. Devido ao tema, todo cuidado era pouco para preservar a imagem dos pesquisadores, de modo a não serem confundidos com informantes da polícia, o que poderia ser fatal. O objetivo era entender os processos sociais objetivos, e não nomes de pessoas, principalmente na distribuição das drogas ilegais, assim como as formações subjetivas que constituíam o consumo, revelando o simbolismo que as caracterizam para diversos tipos de usuários. O pressuposto teórico era o de que todos os dados advêm da relação social entre os pesquisadores e os sujeitos que constituem seu objeto de estudo, o que exige reciprocidade e confiança. Trabalhamos muito mais com os valores, as disposições e regras implícitas que fundavam as práticas sociais, assim como os significados atribuídos a elas e aos bens nelas consumidos. Estávamos particularmente interessados na formação de um etos guerreiro entre jovens atraídos pelo tráfico, assim como na formação subjetiva da masculinidade em vários outros estilos de lazer (como os bailes *funk* e charme, ou esportes como o jiu-jítsu, ou as torcidas organizadas do futebol).

No trabalho de campo que se desenrolou em 2000, a observação, as entrevistas aprofundadas de roteiro aberto e os três grupos focais montados em cada um dos bairros mostraram ser este método essencial para revelar as redes de tráfico, os estilos de consumo, as disposições e concepções de masculinidade numa situação de pesquisa repleta de riscos e perigos. O objetivo era entender os processos sociais objetivos (e não nomes de pessoas, principalmente na distribuição das drogas ilegais) assim como as formações subjetivas reveladas no simbolismo e nos rituais das interações entre os atores. Os contatos para entrevistas foram feitos seguindo a rede de conhecidos dos usuários ou nos locais de lazer escolhidos para a observação silenciosa. Desse modo, muitas definições, imagens e significados contextuais do crime, do desvio, da droga, da polícia, do bairro, das diversas atividades de lazer, das relações entre os usuários, entre estes e os traficantes, entre todos e a polícia, foram transmitidos pela observação direta, por conversas informais depois registradas e pelos relatos de experiências de nossos informantes.

A comparação entre os bairros no que se refere aos estilos de uso não se mostrou importante para entendermos as diferenças nas incidências de alguns crimes, especialmente homicídios, roubos e furtos, apontados como relacionados ao tráfico de drogas. Já os estilos de tráfico e a maneira pela qual tanto repassadores quanto usuários se relacionam com os "donos da boca" ou "donos do morro" revelaram-se de fundamental importância.

Concluímos que, apesar de grandes diferenças nos circuitos do lazer, os usuários eram na maioria usuários sociais. Não foi em relação aos estilos de consumo que os usuários freqüentadores dos três bairros se distinguiram. Neles notamos sempre a busca da privacidade e de um uso discreto para "não dar na vista" nem assustar os demais freqüentadores dos mesmos locais de boemia, fosse por causa da repressão policial ou porque todos se conhecem no bairro e a família do usuário acabaria tomando conhecimento de seu "vício". Nesses casos, os usuários procuram não exceder na quantidade para não "dar bandeira": olhos arregalados, agitação, descontrole emocional etc. Isso não quer dizer que não existam usuários pesados, mas estes passam por sérias dificuldades no relacionamento com os demais usuários e mesmo com os traficantes, que não os respeitam nem os apreciam por chamarem a atenção da polícia e terem problemas no pagamento das dívidas.

Devido a esse estilo predominantemente apreciado, ao construir a sua própria imagem, o usuário de Copacabana ou da Tijuca ou, ainda, de Madureira evita classificar-se como alguém dominado pela droga ou capaz de qualquer coisa para obtê-la, escapando dos estereótipos do marginal. Somente aqueles que foram entrevistados quando já estavam sob tratamento admitiram o vício e a associação com outras práticas criminais. Essa construção do usuário social, mesmo entre consumidores de cocaína, falava no "comedimento", na possibilidade de "parar quando quiser", no uso noturno ou em situações festivas, para diferenciar do "viciado" que seria desmesurado, compulsivo e começaria a "usar já pela manhã", além de combiná-la com outras, num uso múltiplo de drogas legais e ilegais que combinavam principalmente álcool e cocaína. Por outro lado, diferentemente do que ocorria no passado nesses espaços da intimidade, não há registros de consumo de drogas por via intravenosa nos espaços públicos hoje freqüentados pelos usuários mais práticos e mais preocupados com sua detecção por terceiros no local.

No caso específico da maconha e da cocaína, verificou-se a importância do grupo e do ambiente na decisão de consumi-las e na continuidade do uso. Todos os entrevistados que experimentaram drogas ilegais — permanecendo ou não como usuários — registraram que a primeira experiência ocorreu em situações coletivas, às vezes em momentos não corriqueiros, tais como acampamentos, viagens e festas. Por isso mesmo, aqueles que interromperam momentânea ou definitivamente a trajetória de usuários de drogas ilegais invariavelmente se afastaram do grupo e do ambiente associados a essa prática. Os que voltaram a usar, mesmo após tratamento e desintoxicação, afirmam que retornaram por causa do encontro com os amigos e conhecidos que continuavam freqüentando os mesmos circuitos e locais de lazer em que as drogas ilegais são comercializadas e compartilhadas.

Isso não quer dizer que não comentem como, no estado de dependência química, o uso permanente esfacela as relações mais estreitas de sociabilidade. A maioria dos usuários entrevistados reconhece o desgaste físico provocado pelas drogas ilegais, como a cocaína, por vários deles denominada "maldita", e se preocupa com o uso contínuo e obcecado quando se tornam "travados", ou seja, tensos, calados e pouco afeitos ao contato social.

Embora haja alguns usuários múltiplos de maconha e cocaína, em geral formam grupos distintos que não se misturam. O etos e as imagens associadas a cada uma dessas drogas também divergem entre si. Para alguns usuários, a maconha teria um etos bucólico, com referências ao dia, ao campo, à natureza, à comida, à saúde, ao ócio e à paz. Já a cocaína seria associada a um uso mais urbano e artificial, à saída noturna para boates, ao viver agitado, à degeneração do corpo e à guerra. Ela também é usada para potencializar a capacidade produtiva, especialmente no trabalho noturno, como o de jornalistas, bancários, caminhoneiros, vigias etc. Entrevistados nos três bairros assinalaram que, entre os efeitos desejados, estão a euforia, a "adrenalina", a "ligação", o "ficar aceso" atribuídos à cocaína; o "estar chapado" ou "ficar lesado", "desligado", devido à maconha.

Segundo usuários, por causa da cocaína, "o cara mata, não tem amizade, não tem nada", o que nos indica a maior associação entre o traficante e o usuário quando a droga é a cocaína. Vários afirmaram ter visto "gente se destruir" e homens que "deixam de querer saber de mulher" ou "que viram mulher", "que se prostituem para pagar o vício", assertiva que foi confirmada pelas histórias de vida de prostitutas e michês ouvidos em Copacabana. Os estilos de uso não são, portanto, conclusivos na interpretação dos diferenciais de crimes observados nos três bairros.

Faz parte do contexto cultural e institucional da formação dessas subculturas a própria atitude dos outros agentes governamentais e dos outros grupos sociais em relação aos usuários de drogas. As imagens negativas, os preconceitos e o medo, que, no Brasil, chegam às raias da demonização do viciado, contribuem decisivamente para a cristalização dessa subcultura marginal e para os tons agressivos e anti-sociais que ela algumas vezes adquire. A violência e o arbítrio policiais, deriva-

De Olhos Bem Abertos

dos do poder de iniciar processos criminais contra o usuário, criam em torno dele um círculo infernal de insegurança, perigo e incentivo ao crime.

Mas não se pode concluir daí que todos os usuários de drogas são iguais ou mesmo que professem o mesmo credo cultural. Nada mais enganoso. Pesquisas feitas em todo o mundo sugerem diferenças em graus de envolvimento ou de relação com a droga e com o grupo — se ela é tomada nas horas de lazer ou diversão ocasionais, se é central na definição de um estilo de vida alternativo compartilhado com outras pessoas, ou se é o eixo na definição da identidade individual do usuário compulsivo. Mesmo entre os jovens pobres usuários de drogas existem diferenças. Mas não seria exagero afirmar que, entre os pobres, existe maior pressão para o envolvimento com os grupos de criminosos comuns, por conta das facilidades de entrar em dívida com o traficante, de obter arma e estímulo para a ação criminosa e de esbarrar na repressão policial que prende os "maconheiros" pobres para acrescentar números na sua folha de serviços, bem como da dificuldade em encontrar atendimento médico e psicológico quando o usuário vem a ter problemas reais no uso e controle das drogas.

Os usuários, sejam eles sociais ou abusivos, têm de fazer um cálculo entre os riscos advindos da repressão e corrupção policial, que andam juntas principalmente nas favelas e algumas ruas asfaltadas dos bairros estudados, e os perigos das transações com os traficantes do morro. Em relação a estes últimos, afirmam que é preciso "saber entrar" e "saber sair" na interação com os traficantes de favela para não correrem risco de vida. Entretanto, os traficantes de favelas na Tijuca e em Madureira controlam mais facilmente as ruas do bairro, seja para impedir que vendedores independentes comerciem drogas por ali, seja para demonstrar o seu poder de fogo, não sendo incomum vê-los andarem armados. Quando um vendedor não autorizado é identificado pelos "donos" das bocas de fumo (por extensão, das favelas), eles são ameaçados de morte. Se continuarem a exercer a atividade, competindo com o pessoal da quadrilha, são mortos. Nesses dois bairros, é preciso ter conceito e permissão do dono para vender drogas. Na Tijuca, por causa da proximidade dos morros e das pequenas gargantas onde ficam as moradias do asfalto, as guerras entre as diversas quadrilhas ligadas a comandos diferentes, bem como os tiroteios para resolver pequenos acertos, invadem as casas dos moradores, seja das favelas, seja do asfalto, e tiram a paz e a tranqüilidade do bairro residencial e conservador.

Um grupo estável de pessoas conquista a confiança dos "donos" ou de seus gerentes e compra previamente uma quantidade de drogas com a finalidade de vendê-la por preços majorados em locais de intensa movimentação noturna. Neste último caso, estaria mais próximo do "avião" ou repassador que adquire, com certa assiduidade, a droga junto aos traficantes dos morros, em consignação, ou seja, recebe antecipadamente certa quantidade para posterior pagamento. Nesta última situação, é necessário o estabelecimento de uma relação de confiança maior que, com a continuidade do processo, tende a aumentar — é o que chamam "ganhar conceito" —, possibilitando ao repassador a aquisição de quantidades cada vez maiores. É nesse processo que as pressões para um envolvimento maior nas demais atividades da quadrilha e os possíveis conflitos daí advindos podem se dar. O ideal seria permanecer como "considerado", alguém que adquire amizade, mas não se envolve, nem vira "inimigo", "cachorro", "cabeça fraca" igual aos outros traficantes. Ter ganho dinheiro na rua como repassador pode vir a chamar a atenção dos próprios traficantes e também dos policiais: a pessoa "fica pichada". Entrevistados sugeriram que, então, "a situação se torna sinistra" e é preciso abandonar o bairro, até mesmo a cidade: "tem que sumir".

O estilo do tráfico na Tijuca, assim como o de Madureira, poderia ser resumido como aquele diretamente controlado pelos traficantes de favela, caracterizado pelo uso corriqueiro da arma de fogo para controlar o território, cobrar dívidas, afastar concorrentes e amedrontar possíveis testemunhas. Isso marca uma diferença crucial em relação a Copacabana, que tem um estilo discreto, em que o traficante assume a clandestinidade e não controla territórios.

Outro subprojeto do Nupevi — Violência, Pobreza e Identidade Masculina — destinava-se a comparar não bairros, mas estilos de lazer e concepções de masculinidade no mesmo grupo social dos jovens envolvidos no tráfico. O etos guerreiro, vinculado a uma concepção viril e agressivamente agônica da masculinidade, envolveu primeiramente a interpretação e análise dos termos quadrilha, galera e gangue aplicados indiscriminadamente para representar as novas associações juvenis surgidas no Rio de Janeiro no final dos anos 1970. Em textos já publicados, vimos que as quadrilhas, ao contrário das galeras, carregam o nome de seus chefes como seus patronímicos, muito mais do que o nome dos bairros ou nomes de animais selvagens, linhagens aristocráticas africanas e povos guerreiros, como nas gangues, fenômeno típico dos EUA. Mas procuramos esclarecer até que ponto continuam valendo, nos bairros do asfalto, os valores militares, o exacerbado machismo e a busca do enriquecimento rápido através de atividades ilegais e empresariais, notadas tanto nas gangues dos guetos nas cidades norte-americanas quanto nas quadrilhas encontradas em favelas e bairros de classe média cariocas, em torcidas organizadas ou turmas de jiu-jítsu. Mas os jovens moradores de bairros populares cariocas podem fazer parte das galeras do *funk,* ou freqüentar bailes charme, ou fazer jiu-jítsu ou juntar-se a torcidas organizadas. Em cada um desses estilos, rapazes e moças dos bailes, das galeras e das torcidas apresentavam imagens e práticas bastante diferenciadas de masculinidade, nem sempre associadas ao etos guerreiro, entendido como virtude masculina e guerreira que se manifesta, entre os funqueiros, pela expressão "sujeito-disposição". A "disposição" para brigar e até matar um jovem da galera rival torna-se fonte de prestígio e consideração e de certo modo, estampa um dos aspectos mais marcantes da convivialidade tensa entre esses grupos: o jogo e a rixa violenta.

Assim, os funqueiros de favelas dividem os bairros e as favelas entre "amigos e alemães". Só freqüentam locais cujo comando do tráfico seja aliado de sua comunidade de origem, pois pode ser fatal, e muitas vezes o é, freqüentar locais de comandos diferentes. Por outro lado, confirmou-se a afirmação recorrente sobre os *charmeiros*: "no charme não tem briga", nem uso de drogas nas dependências do clube. Os *charmeiros* se definem como pessoas que gostam de curtir a música e são exímios dançarinos. Vestem-se elegantemente, com a finalidade de sinalizar uma diferença diante dos grupos que levam "dura" da polícia, a saber, os funqueiros. Comparado ao público dos bailes *funk*, o do charme é um pouco mais diversificado geracional e socialmente, ou seja, no baile charme, que se realiza em clubes, vão adolescentes, mães de adolescentes, *charmeiros* da "antiga" e, ao que tudo indica, pessoas que trabalham e podem ser classificadas como de classe média baixa, tais como camelôs, seguranças e auxiliares de escritório, que têm escolaridade até o 2º grau. Há, portanto, dentro do baile, o controle social informal que é exercido pelos adultos sobre os mais jovens, o que atua como antídoto às fortes lealdades dentro dos grupos fechados de jovens, tais como galeras e gangues. Há também maior orientação para o trabalho ou a profissão, apesar da importância que assume essa atividade de lazer na identidade social e pessoal dos freqüentadores. Não há galeras no charme.

No *funk*, ao contrário, a presença de galeras é parte constituinte do baile. A divisão dos lados *A* e *B* é que vai dar lugar às disputas de dança e à luta que ocorrem durante o baile. Seus freqüentadores, mais jovens e sem forte ligação com o trabalho, a profissão ou a escola, desenvolvem o etos da masculinidade que os obriga a se mostrar corajosos nos bailes e a brigar, especialmente naqueles que são montados para isso, com a divisão entre o lado *A* e o *B*, e os "15 minutos de alegria" da pancadaria permitida. A presença e, às vezes, a interferência de traficantes são facilmente percebidas nos bailes *funk*, especialmente os chamados "de comunidade", por serem realizados dentro de uma favela específica, com a autorização dos traficantes que os financiam. Os traficantes circulam pelo baile e o uso de drogas não é discreto. O público é mais homogêneo, isto é, adolescentes e crianças, moradores do local, todos, ao que tudo indica, com baixos rendimentos. Por isso, há preferência por bailes *funk* de comunidade, onde os freqüentadores encontram proteção e segurança contra a presença de "alemães" ou inimigos de facção. Apesar desta segurança, muitos relatam a existência de brigas e mortes provocadas durante tais bailes e na saída deles. Por causa dessa associação estreita com traficantes nos bailes da comunidade e devido à representação ritual da guerra entre quadrilhas e facções que acontece no baile, é possível afirmar que o baile *funk*, muito mais comum em Madureira do que na Tijuca e em Copacabana, condiciona os jovens para a guerra que enfrentam nas favelas da cidade. Ali aprendem os valores da coragem no combate e da indiferença diante do sofrimento do inimigo. Tornam-se "durões" ou "machões".

A comparação entre os três bairros entrou em outra fase em 2002. O objeto passou a ser a transformação da vida associativa, da sociabilidade e do movimento de associação de moradores devido à presença conspícua dos traficantes armados nas favelas. Os primeiros resultados revelam profundas diferenças entre os projetos políticos dos líderes comunitários mais velhos e os projetos de ascensão social dos jovens ligados a ONGs e partidos políticos. Nos três bairros, enquanto todos os líderes de associações do "asfalto" eram quase unânimes em apontar como problema principal de cada bairro a população de rua, líderes comunitários de associações de moradores de favelas levavam outras demandas aos representantes dos governos, tais como melhoria da habitação, educação ou saúde. No tocante à violência, que não descartam como problema, asseguram que suas áreas não estão caracterizadas por ela, empurrando o problema para outras favelas ou bairros da cidade, mesmo próximos, estes sim realmente perigosos. Os mais jovens, ligados a ONGs, estão mais direcionados para seus projetos quase sempre ligados à cultura.

Concluímos, então, que as relações entre líderes comunitários e funcionários de governo são marcadas por um jogo de cobranças recíprocas, muito mais claro na parte dos líderes cuja participação nas reuniões comuns é marcada pelas intermináveis listas de necessidades não atendidas e reivindicações prementes. Os representantes governamentais referem-se aos pedidos levados pelas associações de moradores com cautela, dizendo-se sempre dispostos a atendê-los, enquanto os líderes de associações nunca se declaram plenamente satisfeitos com os primeiros e barganham também o pagamento da função de diretor de associação. Por estarem ligados a diferentes grupos políticos e terem suas ambições em jogos de diferentes lógicas, se existe o desejo comum de mudar o quadro de violência, divergem na maneira de realizá-lo. Isso não chega a criar um impasse intransponível, mas pereniza a tensão desses personagens entre o clientelismo e a cidadania, entre as vantagens pessoais e as coletivas.

Os pesquisadores também assistiram, mais de uma vez, à interrupção das atividades em órgãos do governo devido a confrontos pelo controle militar das comunidades visitadas, sempre que ocorria uma guerra pelo comando do morro entre a facção instalada e a facção invasora. Centros esportivos, vilas olímpicas e centros de atendimento a jovens e idosos (Cemasis) foram até mesmo invadidos algumas vezes pelos traficantes durante o dia e, outras, à noite. Professores observavam as marcas deixadas pelos traficantes nas paredes, janelas, portas, sem saber muito bem como lidar com as crianças e jovens que freqüentavam o local após tais acontecimentos. A lei do silêncio tem, de fato, enorme peso nesses locais, não excluindo os próprios públicos. Em alguns locais, professores levavam as crianças para as suas casas, o que poderia colocar em risco a vida de ambos, não fora o acordo com os traficantes em comando, dando salvo-conduto, "desde que tanto professores quanto as crianças estivessem identificados com uniformes do projeto".

Por causa disso, muitos projetos bem montados e eficazes para profissionalizar ou criar alternativas de lazer esportivo e artístico para os jovens têm pouco público. Há uma divisão clara, feita tanto pelos moradores quanto pelos professores, entre os locais onde é possível realizar as atividades programadas e aqueles que "estão sempre em guerra, que estão sempre sendo invadidos, em que não há muita estabilidade", e, portanto, devem ser evitados.

Além do mais, a possibilidade de sedução pelo uso ou até mesmo o tráfico de drogas permanece sempre como desafio para professores e pais, vários deles despreparados para enfrentar o problema. A tendência mais geral era evitar cobranças demasiadas, não tocar no assunto e driblar as dificuldades com os jogos e atividades artísticas. Os traumas por mortes, estupros e prisões dentro do círculo familiar ou da vizinhança e a dor conseqüente eram também evitados pelo silêncio, o que significa dizer que se apostava no esquecimento, mas não no entendimento e superação das marcas profundas deixadas na história e no psiquismo de crianças e jovens. Muitos, sem ser terapeutas, realizavam grande esforço no sentido de ajudar os mais atingidos pela tragédia que lhes era imposta pela violência incorporada ao cotidiano, mas ainda assim muito sofrida. Os muitos projetos culturais não cuidam de desconstruir o etos guerreiro, necessitando de foco específico, como aquele iniciado pela Secretaria Municipal de Saúde e o Projeto Mediadores da Paz nas escolas e nos centros de atendimento a jovens na cidade do Rio de Janeiro, ação conjunta proposta pela Assessoria Especial de Segurança Participativa.

Nas políticas públicas, além das anomalias assinaladas por diversos autores, tais como a fragmentação institucional e a centralização decisória que, entre outros problemas, acarretaram a burocratização dos serviços públicos, há o desrespeito às garantias constitucionais que limitam a ação da polícia. Revistas humilhantes, provas plantadas, processos pelo porte de droga com a caracterização de crime de tráfico (que é considerado hediondo), dependendo do arbítrio do policial, resultam em prisões injustas ou em extorsões.

Nos hospitais públicos em que existem programas de tratamento de viciados, todos os problemas apontados coalescem de forma trágica. Normas internas rígidas, atendimento precário por falta de equipamentos e de pessoal tecnicamente qualificado, atraso nos calendários e burocratas sem compromisso com os objetivos humanos e políticos desses programas prejudicam a ação dos poucos médicos realmente mobilizados neles. Os efeitos negativos dos internatos, que criam outras formas de exclusão dos viciados, já foram bastante apontados na literatura. Vão desde os danos à identidade pessoal e à dignidade do usuário até o artificialismo embutido na não-reincidência do uso da droga, porque baseada no isolamento do usuário de seu grupo de referência, ou seja, do grupo de usuários que formam o contexto cultural e social do uso.

Assim, é claro que não adianta quase nada a prisão de meros repassadores de drogas, pequenos ou médios intermediários nos vultosos negócios ilegais, em geral homens jovens de origem humilde, que operam em redes secretas, mas com ligações com negócios legais e com as instituições do país. Essa criminalidade exige um novo tipo de investigação que não permaneça na superfície dos vasos capilares, facilmente substituíveis no exército de jovens pobres disponíveis em qualquer cidade brasileira, cada vez mais dispostos a matar. É isso que policiais desalentados chamam "enxugar o gelo". Aumentar as penas para tráfico, assalto etc., assim como aumentar o número de viaturas ou o efetivo policial, já provou ter, em diversas pesquisas internacionais, muito pouco impacto na redução desse tipo de criminalidade. Precisamos, sem dúvida, de uma nova polícia que se nutra da confiança e da cooperação da população local, mas que também possa realizar as investigações profissionais necessárias ao desmantelamento de tais redes, chamadas pela polícia de Chicago, EUA, que reúne polícia comunitária com polícia investigativa e técnica, de "conspiração da esquina". A capacidade de negociar com membros de quadrilhas para obter sua cooperação também já se revelou de crucial importância na Itália. Por fim, há exemplos no mundo todo de como uma punição bem mais rigorosa, como tenho repetido nos últimos anos, para os crimes praticados com porte de armas vai eliminar a racionalidade perversa que induz até mesmo pequenos assaltantes a usar armas mortíferas para aterrorizar suas vítimas, amedrontar testemunhas e aumentar seu poder de barganha com policiais corruptos.

No entanto, outra barreira crucial, menos sublinhada, mas presente, pode vir a impedir a cooperação: o medo que vizinhos trancafiados têm dos criminosos. O temor ou o terror não é eliminado milagrosamente com a adoção de um "policiamento voltado para a comunidade", especialmente naquelas áreas em que os criminosos adquiriram muito poder por conta da desagregação das associações entre os moradores. Esse fato ocorria em Detroit, EUA, onde os policiais que atuavam nos minidistritos dominados pelo tráfico de drogas tinham por objetivo, não a prisão dos traficantes, mas a retomada das ruas para os moradores. Na verdade, esperavam apenas mostrar aos moradores sua presença ali para garantir a ordem pública.

O problema é que onde não há organização social ou a "comunidade" é fraca, vizinhos têm medo um do outro. Pior, onde traficantes bem armados impedem até mesmo a entrada de qualquer agente do Estado, como acontece nas favelas das maiores regiões metropolitanas do Brasil, o que fazer para instaurar uma nova polícia? Aqui temos, portanto, um duplo desafio: destruir o terror instaurado pelos comandos armados de traficantes em muitas áreas e restaurar a confiança numa polícia também afetada pelo poder militar e corruptor dos primeiros. E sem uma polícia investigativa e profissional para dar o passo inicial no desmantelamento das redes do crime-negócio, a nova polícia confiável e civil ficaria também adstrita às áreas já privilegiadas da cidade. Ou teria de fazer um acordo de coexistência pacífica com os poderosos e ricos negociantes de armas e drogas que mantêm "tudo dominado" nas áreas mais pobres há anos, um jogo de conseqüências imprevisíveis.

Contudo, não há dúvidas de que, com tanta esperança e enquanto houver os que acreditam e fazem as mudanças necessárias, podemos cantar com o nosso poeta: vai passar.

Referências bibliográficas

BAUMAN, K. E.; ENNET, S. T. On the importance of peer influence for adolescent drug use. *Addiction*, v. 91, n. 2, 1996.

BETTANCOURT, G.; GARCIA, M. *Contrabandistas, marimberos y mafiosos. Historia social de la Mafia colombiana.* Bogotá: TM Editores, 1994.

ELIAS, Norbert; DUNNING, Eric. *Quest for excitement. Sport and leisure in the civilizing process.* Oxford: Blackwell, 1993.

FEATHERSTONE, Mike. *O desmanche da cultura*. São Paulo: Studio Nobel/ Sesc, 1997.

FONSECA, German. Économie de la drogue: taille, caractéristiques et impact économique. *Revue Tiers Monde*, Paris, n. 131, juil./sept. 1992.

HALL, Stuart. *Resistance through rituals*. Birmingham: Hutchinson, CCCs, 1980.

KATZ, Jack. *The seductions of crime*. New York: Basic Books, 1988.

LABROUSSE, Alain; KOUTOUSIS, Michel. *Géopolitique et géostratégies des drogues*. Paris: Economica, 1996.

LUPPO, Salvatore. *História da máfia*. São Paulo: Unesp, 2002.

RYDELL, C. P.; CAULKINS, J. P.; EVERINGHAM, S. S. Enforcement or treatment? *Operations Research*, v. 44, n. 5, p. 687-695, 1996.

SASSEN, Saskia. *The global city: New York, London, Tokyo*. Princeton: Princeton University Press, 1991.

SULLIVAN, Mercer. Crime and the social fabric. In: *Dual city, restructuring New York*. New York: Russell Sage Foundation, 1992.

THOUMI, Francisco. *Economia, política e narcotráfico*. Bogotá: Tercer Mundo, 1994.

TULLIS, LaMond. *Unintended consequences: illegal drugs and drug policies in nine countries*. Boulder: Lynne Rienner, 1995.

UNDCP. *World drug report*. London: Oxford University Press, 1997.

ZALUAR, Alba. *A máquina e a revolta*. São Paulo: Brasiliense, 1985.

____. Mulher de bandido: crônica de uma cidade menos musical. *Revista de Estudos Feministas*, Rio de Janeiro, n. 1, 1993.

____. *Condomínio do diabo*. Rio de Janeiro: UFRJ, 1994.

AGRADECIMENTOS

Este livro baseia-se em minha dissertação de mestrado, defendida em janeiro de 2001, no Programa de Pós-Graduação em Ciências Sociais da Uerj.

Agradeço a Alba Zaluar, que sempre demonstrou entusiasmo com as minhas idéias, oferecendo precioso auxílio e solidariedade fraterna.

Sou grato a Gilberto Velho. Trata-se de uma referência fundamental no campo da antropologia no Brasil e seus trabalhos foram uma fonte de inspiração para a minha pesquisa.

Agradeço também a Claudia Resende, cujos comentários e indicações bibliográficas foram de suma importância.

Vale registrar meu reconhecimento a professores importantes na minha formação, ainda na graduação e depois no mestrado: Helena Bomeny, Valter Sinder, Cleia Schiavo, Cristina Dias, João Trajano, Miriam Sepúlveda e Clarice Peixoto.

Minha gratidão ao professor Luiz Eduardo Soares, pelo carinho e a amizade.

O apoio de toda a equipe do Nupevi foi fundamental para levar adiante este trabalho de pesquisa, em particular o de Rodrigo Monteiro Araújo, que, durante um período do trabalho de campo, esteve comigo nas incursões no bairro de Copacabana.

É preciso mencionar os amigos que cooperaram de diversas formas: José Mauro de Freitas Júnior, amigo e irmão, parceiro leal de inúmeras aventuras, Frederico Campos Manhães e Viviane Costa Ávila.

À minha mãe, Maria Alice Almeida Pereira, e minha irmã, Ana Lúcia Almeida Pereira, um afeto especial.

E ainda a lembrança de amigos sempre dispostos a ajudar: Aparecida Maria Abranches, Paulo Jorge Ribeiro da Silva, Charles Gomes, Ricardo Cavalcanti, Bianca Freire, Laerte Vallerini Neto, Noéli Correa de Melo Sobrinho, Rosi Machado, Washington Denner e Maria Sarah Silva Telles.

Dominichi Miranda de Sá acompanhou toda a execução deste trabalho e teve paciência suficiente para compreender meus momentos de angústia em determinadas ocasiões, tendo cooperado com observações valiosas, críticas argutas e sugestões pertinentes.

INTRODUÇÃO

O objetivo deste livro é examinar as relações de confiança entre usuários de tóxicos e verificar como o tráfico de drogas ilegais se organiza no bairro de Copacabana, localizado na Zona Sul do Rio de Janeiro.

A motivação inicial para este estudo foi a pesquisa "Redes de tráfico e estilos de consumo de drogas ilegais em três bairros do Rio de Janeiro — Copacabana, Tijuca e Madureira", coordenada pela antropóloga Alba Zaluar e na qual trabalhei como assistente de pesquisa no bairro de Copacabana.

Entre o segundo semestre de 1999 e o primeiro de 2000 estive em campo fazendo observação participante no bairro mencionado. A pesquisa foi feita nas ruas e em bares, restaurantes, boates, quiosques, entre outros estabelecimentos comerciais, através de conversas informais, tentativas por vezes infrutíferas de entrevistas, que tinham a intenção de compreender os estilos de consumo de drogas ilegais no bairro e suas relações com as redes de tráfico existentes na cidade do Rio de Janeiro.

Sexo, drogas, diversão. Copacabana acena dia e noite com possibilidades infinitas para tal. Tentei durante vários meses estruturar uma rede de informantes e realizar as observações participantes. A maior dificuldade não consistiu tanto na tensão que cerca o trabalho de campo, mas na não-obtenção de um grupo fechado de informantes.

No começo das incursões, os freqüentadores ficavam arredios, desconfiados da minha presença rotineira nesses locais, mesmo que não fizessem uso ou ofertassem qualquer tipo de droga ilegal. Isso aconteceu mais nos quiosques do que nos bares ou nas ruas, uma vez que o consumo e mesmo o repasse de drogas ilegais — principalmente a cocaína — é farto nesses pontos.

Desde o início chamou minha atenção a intricada rede para a obtenção de drogas ilegais no bairro; e, à medida que realizava a pesquisa e coletava os dados, observei que um eixo atravessava as redes de tráfico e os estilos de consumo. Tratava-se da confiança. Os usuários — e também os vendedores de drogas — detinham um complexo estoque de leituras sobre o outro. Como estão envolvidos numa atividade criminosa, os consumidores de drogas ilegais que se abastecem nas ruas do bairro não só desenvolvem formas de comunicação peculiares, mas também estabelecem graus de afinidades e, em muitos casos, laços de amizade.

Este estudo concentra-se basicamente num grupo de indivíduos que saem às ruas à noite e freqüentam os quiosques da orla, além dos bares e boates. Esses indivíduos compram e muitas vezes utilizam os tóxicos nas ruas mesmo, quando não há a possibilidade de se deslocarem para algum apartamento. Como se sabe, Copacabana é um dos bairros mais ricos em atividades de lazer noturno. Por isso, a pesquisa concentrou-se na observação de um grupo de consumidores de drogas ilegais ligados às redes de circulação de drogas no período noturno, uma vez que durante a noite é que se intensifica a comercialização das drogas nas ruas do bairro. Observei sobretudo os estilos de obtenção e consumo de drogas e os códigos compartilhados pelos usuários. Pelo fato de a atividade ser clandestina, cria-se toda uma rede de confiança e reciprocidade.

Minha idéia foi considerar as práticas da vida, os costumes dos usuários de droga, focalizando situações de interação, como a ocasião mais apropriada para observar a negociação entre os agentes envolvidos. Nessa rede fluida, os atores revelam suas identidades pelo exercício de símbolos, conferindo sentido às relações que estabelecem entre si e dentro de um grupo, que recebe a denominação de "usuários de drogas". Assim, este trabalho procurou priorizar as astúcias do fazer, as práticas que cercam a utilização de drogas ilegais e os estilos de consumo.

Minha primeira providência foi fazer uma cartografia do bairro e estabelecer a circunscrição espacial que interessava. A área coberta pela pesquisa, assim, compreende basicamente toda a orla e algumas boates, restaurantes e bares, mais especificamente as ruas próximas à avenida Princesa Isabel, ponto de prostituição.[19] Aliás, a prostituição possui um forte elo com a comercialização de tóxicos. Contei com a colaboração de dois informantes moradores no bairro, consumidores contumazes de tóxicos, que abriram as portas visíveis (e invisíveis) do mundo das drogas em Copacabana.

Utilizando a técnica da observação participante, adotei de início a estratégia de me manter no anonimato, de não revelar minha condição de pesquisador. Essa opção foi ousada, na medida em que eu poderia ser facilmente confundido com um "x-9", denominação dada aos informantes da polícia. Com as informações prestadas pelos dois *insiders*, penetrei em locais onde existia a possibilidade de ocorrer a comercialização de drogas. De início, não tinha certeza do momento exato das negociações, podia estar "vendo demais". Somente com o passar das semanas é que consegui detectar o instante exato do repasse da droga. Meu interesse era compreender como se obtêm drogas ilegais no asfalto e como os consumidores forjam suas amizades. Minha freqüência em alguns quiosques e esquinas foi bastante notada. Volta e meia alguém se referia a mim como o amigo do fulano, o que era um passaporte para a minha permanência nesses locais, mas não garantia minha segurança. Acompanhei sistematicamente as andanças de usuários — apresentados pelos dois informantes — nas ruas e quiosques de Copacabana, observando as relações que estabelecem entre si e com os indivíduos que vendem a droga. A realização de entrevistas esbarrava de imediato no receio de pôr um fim no anonimato. Para os usuários, e somente para eles (pelo menos aqueles com que

---

[19] Ver Gaspar, 1984:17.

tive maior contato), mencionei que estava fazendo uma pesquisa, tomando o devido cuidado para deixar muito claro que não existia nenhum vínculo com qualquer instituição policial ou judiciária.

Os jogos de linguagem relativos ao trabalho de campo são repletos de minúcias, carregados de armadilhas e atravessados por códigos que muitas vezes se entrecruzam a ponto de provocar múltiplas leituras de uma mesma situação. Observar um grupo de consumidores de drogas ilegais significa construir uma etnografia com o cuidado de preservar as reais identidades de seus membros. A obtenção de informações requer uma gradual interação e a escolha dos informantes nesse caso acaba também sendo um jogo de confiança, reciprocidade e risco. O principal desafio nas conversas informais, na observação participante, é a aproximação com os usuários e seus respectivos fornecedores: ganhar a confiança e ultrapassar a barreira do descrédito, estabelecer com firmeza que você está ali com a melhor das intenções. Geralmente, quem usa qualquer tipo de droga — principalmente as ilegais — tem contra si a sociedade, a lei, a família, e isso acaba criando estilos de consumo baseados numa prática solidária, onde um toma conta do outro na eventualidade de existir algum perigo em determinada negociação. Em contrapartida, fica também demonstrada a incapacidade de alguns para lidar com o risco.

Vale dizer que toda vez que utilizo a expressão "drogas ilegais" estou me referindo em larga escala à cocaína. Essa droga é hegemônica nas transações ocorridas no bairro. Impossível precisar um percentual, mas não resta dúvida de que é a droga ilegal mais comercializada. Outras drogas, como ácido, *ecstasy*, heroína, foram encontradas pouquíssimas vezes, não se caracterizando um tráfico de grandes dimensões. A maconha foi vista mais do que as drogas citadas, mas, em comparação com a cocaína, é um tóxico que não tem o mesmo vulto em termos de negociação.

No primeiro capítulo, faço uma descrição parcial do bairro de Copacabana, apresentando as principais características que marcam o local como um lugar de extrema sedução e um ponto importante de venda de drogas. A categoria bairro é fundamental, porque define as fronteiras da área coberta pela pesquisa.

O segundo capítulo trata do trabalho de campo, das maneiras de superar o desafio de fazer uma pesquisa com uma temática que impõe uma série de dificuldades, como a precisão das informações, a penosa conquista dos informantes e as garantias éticas de preservação do anonimato dos usuários de drogas. Trata ainda dos circuitos freqüentados pelo grupo de usuários.

O terceiro capítulo aborda algumas questões relativas ao tráfico de drogas e à organização do crime. A intenção é mostrar como essa discussão tem se apresentado nas ciências sociais contemporâneas e de que maneira minha etnografia pode contribuir para esse debate.

O último capítulo discute a noção de confiança e o sentido da amizade entre os usuários de drogas. E descreve as formas inventadas de confiança em meio a um ambiente de clandestinidade, medo e desconfiança.

CAPÍTULO I

O jardim do pecado

É necessário salientar que este estudo não contempla a cidade como ponto focal e, sim, o bairro de Copacabana e que, fazer isso não significa tão-somente circunscrevê-la ao seu domínio material, à sua configuração física, mas compreendê-la como a expressão de uma série de valores coletivos, como uma experiência cultural. Portanto, o bairro é fato social histórico, e seu espaço é também imagem mental. Em outras palavras, Copacabana é fruto da percepção de seus próprios habitantes.

A arquitetura da cidade é sua forma, forma que incorpora o planejamento e, nesse sentido, ainda a memória, por obra da transformação e da apropriação do espaço pela coletividade que nele vive. Assim, a cidade é uma depositária privilegiada da história — sua forma material só tem sentido se pensada como construção simbólica. Por isso a história da cidade constitui a relação da coletividade — seus usos, seus modos de atuação — com o lugar e com a idéia dele. Quando um grupo se insere em determinado espaço, ele o transforma à sua imagem, aos seus valores e usos, levando em conta as condições já existentes no local, ou ele apenas empresta novos significados ao que já está construído na concretude de suas edificações. Em outros termos, esses valores e usos coletivos expressam-se em produtos, em formas materiais: é a sua memória, que, para se concretizar, conforma uma realidade, agregando as diversas manifestações que compõem cada cidade. Nesse sentido, os conteúdos histórico e afetivo que os habitantes atribuem à sua cidade são tão importantes quanto as soluções funcionais exigidas na estruturação de um espaço urbano.[20]

Mas vale lembrar que a investigação desses valores e usos é fundamental para o entendimento de toda e qualquer intervenção urbana, pois corresponde à exigência de responder a uma avaliação atualizada da cidade. Como informa Michel de Certeau, observa-se, então, que essas práticas cotidianas — práticas no espaço, modos de operar, modos de usar — "deslizam" no "texto claro da cidade planejada e visível". Relacionar o ideal ao real, velho procedimento platônico e, por isso, tão fossilizado no nosso imaginário coletivo, equivale, segundo Certeau, não a torná-los idênticos, mas a tirar proveito da sua inevitável simbiose, marcada, por um lado, pela organização racional de um espaço física e simbolicamente demarcado, e, por outro, pelas resistências de seus usuários.[21]

Ainda de acordo com Certeau, a cidade-conceito funciona como um marco para as estratégias (noção que faz referência à ação dos poderosos) socioeconômicas, mas seu conteúdo pleno — seu sentido, sua identidade — só se revela pela análise das práticas de seus habitantes, "práticas singulares e plurais, como micróbios, que se espera sejam administradas ou suprimidas por um sistema urbanístico, mas que sobreviveram à deterioração; pode-se acompanhar a atividade febricitante desses procedimentos, que, longe de estarem regulados ou eliminados pela administração panóptica, reforçaram-se numa ilegitimidade proliferante, desenvolveram-se e se insinuaram [...], se combinaram conforme táticas ilegíveis mas estáveis a ponto de se constituírem em regulamentos cotidianos e criatividades sub-reptícias que estão meramente escondidos pelos mecanismos e discursos frenéticos da organização observacional".[22]

---

[20] Campello, 1994:122.

[21] Certeau, 1996:23-4.

[22] Ibid., p. 27.

De Olhos Bem Abertos

Para Certeau, o entendimento da cidade é especialmente interessante quando se atenta, como está claro, para a *contradição* entre o modo de administração coletivo e o modo de reapropriação do espaço onde se vive — "procedimentos multiformes, resistentes, ardilosos e inflexíveis [...] do espaço vivido, da inquietante familiaridade da cidade".[23]

Copacabana é sem dúvida um dos lugares da cidade que propicia um "anonimato relativo",[24] pois os indivíduos interagem produzindo experiências que são compartilhadas, muitas vezes atravessadas por apreensões particulares da vida urbana.

Bairro de história relativamente recente no Rio de Janeiro, Copacabana era um areal no início do século XX. Nas décadas de 1930 e 40 passou por um crescimento acelerado, graças sobretudo a fortes investimentos das empresas de construção civil, algumas das quais de propriedade de judeus que imigraram da Europa por conta da guerra e se instalaram no bairro. O cosmopolitismo foi, por isso, desde o início, uma marca do bairro, onde convivem pessoas de diversas etnias, classes sociais e opções sexuais. Esse aspecto sempre é acentuado pela propaganda em torno de seu potencial turístico, que ainda atrai enormes contingentes do restante do país e do mundo. Incorporado à malha urbana por meio da construção de túneis de curta extensão, o bairro tornou-se de fácil acesso a partir da década de 1930.

Um morador confirmou essa visão do bairro de Copacabana:

> Copacabana vai de uma ponta a outra. Vai até o Arpoador, o Leme e outra parte até o túnel. Então é só ali. É ali, quer dizer então, você tem o pessoal que vive em prédios enormes, fora o pessoal que vive no morro. Eu acho que tem a ver com a história do bairro. Por exemplo, na Tijuca eu não vejo velhinhas andando pela rua. Em Copacabana, eu vejo muitas velhinhas andando pelas ruas, muitas velhinhas mesmo. Velhinhas caquéticas, que poderiam cair ali e ficar, entendeu? Porque caiu ali, quebrou e nunca mais vai levantar. Tem pessoal que freqüenta, porque trabalha lá, e o pessoal que mora lá. Pessoal que você encontra no final de

---

[23] Certeau, 1996: 27.

[24] Ver Velho & Machado, 1977.

semana. É engraçado isso porque nos dias da semana, eu voltando da faculdade, eu quase não vejo ninguém nas ruas e nos bares. Os bares ficam abertos, mas é para gringo.

Segundo dados da pesquisa "Redes de tráfico e estilos de consumo de drogas ilegais em três bairros do Rio de Janeiro: Copacabana, Tijuca e Madureira",[25] Copacabana é o único bairro que praticamente não perdeu população na última década: apenas 0,50%. Suas favelas, também ao contrário do que aconteceu na Tijuca e, principalmente, em Madureira, ganharam mais domicílios: de 2.322 em 1980 passaram para 2.628 em 1991 e para 3.722 em 1996. E mais habitantes: em 1980 eram 7.291; em 1991, 8.621; em 1996, 13.773. Isso quer dizer que foi justamente na década de 1990, quando as favelas dos outros dois bairros perdiam um significativo percentual de sua população, que Copacabana incrementou sua população favelada em 63%, possivelmente migrada de outros pontos da cidade onde a violência provocada pela guerra entre quadrilhas e facções, o estilo de tráfico fortemente armado e dividido em comandos inimigos, o estilo de lazer dos jovens e a repressão policial foi sempre muito maior.

Além disso, Copacabana dispõe de muitos pontos de lazer para a população local, constituída predominantemente de idosos e adultos. É o bairro com o maior contingente de idosos da cidade, embora não seja a região administrativa mais populosa. São cerca de 43 mil pessoas de 60 anos ou mais para um contingente populacional de cerca de 170 mil, ou seja, 25%. A população adulta (entre 30 e 59 anos) soma quase 70 mil pessoas, o que representa 41% da população do bairro. O contingente de jovens é muito menor em números absolutos e percentuais do que o dos outros dois bairros: Tijuca e Madureira. São cerca de 56 mil pessoas entre 0 e 29 anos, a maioria (63%) entre 15 e 29 anos, o que corresponde a 33% da população. Para essa população jovem, as opções culturais, fora da escola, e de lazer são muitas e varia-

---

[25] Zaluar, 2000b.

das. Em 2000, o bairro contava com seis salas de cinema, sendo um dos raros locais da cidade onde o cinema de rua (e não de centro comercial) sobrevive, dois museus, além de bares, restaurantes, quiosques e a praia.

Entre as décadas de 1930 e 40 ocorreu uma série de transformações na Zona Sul da cidade, alavancadas pelo setor da construção civil. Estabelecimentos com pouco mais de 20 anos foram substituídos por edifícios de vários pavimentos. Copacabana tem hoje a maior densidade populacional do município: em 1991 eram 341,1 habitantes por hectare quadrado; em 1996, 340,3.[26]

Um morador e usuário de drogas revelou a imagem que tinha do bairro:

> Acho que Copacabana... Ipanema e Leblon era de rico, classe média alta. Copa, classe média-média e baixa. Tem-se a crer que você tendo mais problemas financeiros, você tem mais problemas, então tem o uso maior de drogas. Eu acho, isso é pessoal. Isso é uma besteira. Isso é uma ilusão, isso é o que se passa. Copacabana tem vários morros: Chapéu Mangueira, Tabajaras, Pavão-Pavãozinho. Antigamente, mais perto tinha aquele ali que agora é uma praça.

Copacabana é, portanto, um bairro cantado e decantado da Zona Sul carioca. Com uma população bastante diversificada e uma organização social bastante complexa, sua imagem mais recorrente — no Brasil e no exterior — é de um paraíso com sol, praia e mulheres. A orla recheada de hotéis aposta nesse marketing que apresenta o aspecto hedonista do bairro. Com isso:

> O turismo interno e internacional estimula o setor hoteleiro, os serviços e a vida noturna. Isto implica, também, no desenvolvimento e mesmo aparecimento de atividades semilegais, mais ou menos escusas e nem tão subterrâneas como os vários tipos de prostituição e jogo, acom-

---

[26] Todos esses dados estão disponíveis no relatório de pesquisa "Redes de tráfico e estilos de consumo de drogas ilegais em três bairros do Rio de Janeiro: Copacabana, Tijuca e Madureira".

panhadas de transgressão à moral e às convenções associadas à sociedade tradicional, chegando inclusive à criminalidade.[27]

A praia tornou-se, com o passar dos anos, um cartão-postal e o *réveillon* firma-se a cada ano como uma festa importante no calendário da cidade, atraindo desde as camadas mais altas até as subalternas e que não moram necessariamente nas favelas adjacentes ao bairro.

Com efeito, Copacabana é um *locus* reconhecido de prostituição na cidade. Existem várias casas de massagem chamadas "termas", e um elevado número de boates — se comparado a outros bairros da Zona Sul. A avenida Atlântica é, porém, o principal ponto de prostituição de rua, onde convivem lado a lado ou se cruzam cotidianamente as prostitutas e os travestis com senhores e senhoras de famílias ditas de respeito, seguidores da lei e respeitadores da ordem. Os transgressores e as pessoas que seguem as convenções circulam pelas mesmas vias e mantêm uma convivência ao mesmo tempo pacífica, socialmente distante e até temerosa. Por isso mesmo, um informante assim definiu o bairro, comparando-o com outro de classe média:

> Copacabana para mim é um bairro superinteressante, e acontece[m] várias coisas que eu vejo que não acontecia[m] na Tijuca, aonde eu morava. Tijuca é um bairro extremamente conservador. Você anda de chinelo, de biquíni e as pessoas te olham o tempo todo. Copacabana não. Você anda mais à vontade. Na Tijuca você não vê homossexual na rua, você não vê prostituta. As pessoas têm um comportamento completamente diferente. Copacabana não. Você vê tudo num lugar só, tudo misturado. Prostituta, travesti, pobre, rico, mendigo, pivete. Acho que as pessoas se relacionam diferente e com certeza o consumo de drogas é mais visível.

Outro morador, usuário de drogas, ratificou essa imagem do bairro:

> Copacabana tem um ritmo frenético, é infernal, mas é legal. Você tem de tudo. Droga, igreja, sexo, farmácia, teatro, hotel, agora tem metrô. Eu

---

[27] Velho, 1999:16.

ponho o pé na rua, tenho a sensação de que tudo o que eu quero tá aqui. Prostituta, com chefe de família, travesti com as velhinhas andando na rua. Você vai pra Ipanema já é outro contexto, não tem aquela agitação, mas não é só isso; não tem variedade, é tudo muito quadrado. Copacabana sempre consegue surpreender.

Mais um usuário sintetizou assim sua visão de Copacabana como bairro orgiástico:

> A imagem do bairro é uma imagem de orgia, a imagem que eu tenho do bairro é a imagem onde você quer ter mulher, conseguir droga, diversão e euforia, eu vim em Copacabana buscar. É um bairro que para mim é como se fosse um prostíbulo, a imagem desde novo que ia a Copacabana em busca de satisfazer as minhas necessidades eufóricas e sexuais. Eu ia sempre buscar mulheres fáceis, mulheres de programa, situações em que eu pudesse fazer farra. Copacabana me lembra isso.

Em Copacabana verifica-se uma grande concentração de comércio. É o bairro com o maior número de supermercados de toda a cidade (130 lojas) e o segundo no *ranking* de agências bancárias (109). Turismo, prostituição, drogas, diversão, praia, esporte, meditação, tudo isso é possível achar nesse bairro. A violência que atinge qualquer localidade ganha em Copacabana contornos diferentes de, por exemplo, um bairro do subúrbio como Madureira, justamente por ser um cartão-postal da cidade. Ainda mais porque "a globalização das redes criminosas afeta Copacabana, que, por seu cosmopolitismo e abundância de bens urbanos, é palco e cenário dessas interações".[28]

Dessa forma, Copacabana torna-se um local privilegiado para o comércio de drogas na rua, na medida em que cosmopolitismo significa a convivência de muitos personagens diversos e pouco controle social informal. Se antes a maconha era uma droga predominante, a cocaína agora passa a ser comercializada em grande escala. Velho afirma que "a cocaína, antes limitada a grupos bastantes restritos, vai, através

---

[28] Velho, 1999: 17.

de novas formas de tráfico, espalhar-se com consumo bastante generalizado na noite carioca, particularmente a copacabanense".[29]

Ademais,

> É relativamente comum a compra e venda de drogas em alguns estabelecimentos conhecidos da vida noturna da cidade. Ao lado disso existe, sem dúvida, toda uma dimensão mais convencional em que pessoas sem qualquer vínculo direto com estilos de vida transgressores freqüentam os restaurantes, as casas de show, cinemas, teatros etc. Esses mundos se tocam, cruzam, relacionam, mas não se confundem. Há aqueles indivíduos que atravessam constantemente as fronteiras, desempenhando diferentes papéis sociais, de acordo com contextos e situações.[30]

Muitos trabalhos que tomaram Copacabana[31] não como objeto, mas como local de pesquisa, partiram do conceito de "região moral" formulado por Robert Park. O autor entende por "região moral" um local no qual predomine uma série de assimilações morais, tendo como característica a reunião de condutas desviantes, que vão da prostituição até o tráfico de drogas. Park considerou que indivíduos que buscam os mesmos tipos de diversão acabam se encontrando nos mesmos lugares. Dessa forma, "...uma região moral não é necessariamente um lugar de domicílio. Pode ser apenas um ponto de encontro, um local de reunião...".[32] Todavia, Copacabana não pode ser considerada uma zona de vício. É evidente que a licenciosidade presente no bairro estimula os indivíduos que buscam prazer de diversas formas, mas, a meu ver, não é apenas a facilidade de divertimento ou a excitação ou ainda as inúmeras opções de libertinagem que atraem determinados usuários para o bairro. Verifiquei que a maioria dos membros do grupo de usuários contemplados na pesquisa possui uma relação afetiva com o

---

[29] Velho, 1999: 17.

[30] Ibid., p. 17-8.

[31] Gaspar, 1984.

[32] Park, 1967.

bairro, ressaltando que ainda existe uma vida boêmia, pessoas interessantes com um "bom papo". Não afirmaria que em Copacabana existe um "código moral divergente", mas os próprios usuários trataram o bairro como um lugar "acima do bem e do mal".

Em relação a áreas caracterizadas por ocorrências criminais, Copacabana está para além disso. Em outras palavras, possui — como qualquer outro bairro — um espaço delimitado, onde os indivíduos interagem, mantendo relações amistosas ou conflitivas. Muitos usuários relataram que gostam de Copacabana não apenas por obter drogas e/ou consumi-las ali, mas também adoram o bairro por seu "bom astral". Há aqueles para quem o bairro tem o único atrativo de ser um local onde existe um "contexto" — um contato com algum vendedor, ou alguém que conheça um —, mas falar de uma "região moral" seria tipificar e superdimensionar condutas que, apesar de acontecerem abertamente em um lugar, extrapolam seus limites, assim como sentido de uma área exclusiva para atividades criminosas ou mesmo de uma zona específica de prevalência de determinados gostos transgressivos ou anticonvencionais. Já vimos que nas vias públicas do bairro convivem senhores convencionais e respeitáveis com as mais claras manifestações de transgressão. Mas Copacabana não é o único bairro onde tais comportamentos acontecem, nem o espaço geográfico que ele ocupa é cenário exclusivo dos mais diversos tipos de transgressão, da prostituição ao uso e comércio de drogas ilegais. Como vários usuários e vendedores de drogas dizem a respeito do bairro: "acontece de tudo em Copacabana".

Copacabana, como praticamente todos os bairros da cidade do Rio de Janeiro, não possui uma marca de etnia ou de classe, como por exemplo ocorre em São Paulo, onde há bairros de predominância étnica, como os japoneses da Liberdade ou os italianos do Bexiga. Ou ainda como em Nova York, com bairros como Chinatown ou Little Italy. Em Copacabana é possível encontrar diferentes rostos, que se misturam ao imenso contingente de turistas, criando uma babel que estimula a interação com diversos agentes que não estão envolvidos no negócio da obtenção e do consumo de drogas ilegais, concorrendo para que o tráfico dessas drogas transcorra sem que se observem conflitos abertos ou o uso de força física. Os usuários afirmam que quem está na noite costuma ficar mais atento à movimentação das pessoas. Essa atenção é carregada de prudência, pois, em diversas ocasiões, ao indagar a respeito de determinada pessoa que costumava freqüentar um certo bar, a resposta sempre era negativa; ou não viram tal pessoa ou sequer a conheciam, apesar de sua presença quase diária no local.

Observando-se as taxas de roubos de automóveis e outros roubos, crimes tidos como violentos por serem geralmente praticados com armas de fogo, Copacabana, apesar da alta renda *per capita*, apresenta baixa incidência.

Durante todo o trabalho de campo, também foi possível observar que muitos indivíduos que trabalham à noite — e não são usuários de drogas — quase sempre associam a violência ao tráfico de entorpecentes. Não fazem discursos satanizando os usuários, mas alertam que o comércio de drogas, por ser uma atividade ilegal e subterrânea, volta e meia produz situações violentas. Esses indivíduos atribuem, por exemplo, os ataques a travestis a usuários de drogas. Todavia, dentro do grupo que acompanhei, jamais se realizou esse tipo de investida. Os usuários, por sua vez, atribuem tais ataques a adolescentes, *playboys* da Zona Sul, ou a lutadores das academias do bairro. Os usuários em questão inclusive condenam tal conduta. De qualquer maneira, em conversas nas ruas do bairro com porteiros, garçons, fica patente a ligação imediata da droga com a violência e os "perigos" do bairro. Quando porventura ocorria algum crime nas ruas do bairro à noite, o comentário era que a vítima estaria envolvida com drogas, mesmo que, depois, relatos de usuários e até matérias jornalísticas mostrassem o contrário. Existe uma associação quase generalizada e uma convicção difusa em outros bairros da cidade de que muitos crimes acontecem em função da utilização de drogas, mas em Copacabana os usuários asseveravam todo o tempo que isso não era comum.

Sucede que episódios envolvendo tráfico de drogas no Rio de Janeiro assumem enorme dimensão, e em Copacabana isso é bastante

DE OLHOS BEM ABERTOS

revelador. Quando Alba Zaluar concedeu uma entrevista ao *Jornal do Brasil*, em agosto de 2000, procurando apresentar de maneira equilibrada dados relativos aos três bairros estudados na pesquisa — Copacabana, Madureira e Tijuca —, o jornalista responsável pela matéria deu ênfase ao primeiro, exagerando e fazendo uma "interpretação livre" que associava de maneira precipitada o tráfico de drogas e a corrupção policial. A manchete no caderno Cidade do referido jornal foi a seguinte: "Copacabana brilha na madrugada". Uma frase de efeito que esconde os defeitos típicos da informação jornalística sobre pesquisas realizadas nas universidades, ainda mais em se tratando de uma temática complexa que envolve múltiplos aspectos.

Muitos profissionais que exercem atividades noturnas quase sempre em suas falas apresentam uma Copacabana onde a diversão imperava anteriormente, sem, porém, a violência dos dias de hoje, e isso por culpa das drogas, dos usuários e dos traficantes. Os usuários mais velhos, por sua vez, não demonstram tanta saudade do passado, até mesmo por considerarem que os tempos mudaram no mundo inteiro, por que não em Copacabana? Na maior parte das vezes, esses usuários responsabilizam a criminalização das drogas pela violência observada hoje no bairro, na cidade e no mundo. Mas, ao contrário do que se imagina, o grau de violência no bairro envolvendo usuários de drogas e vendedores é relativamente baixo. Em Copacabana ocorrem muitos furtos, sobretudo na orla. Meninos e adultos volta e meia aplicam o golpe das "horas". Quando passa alguém que julgam ser turista, perguntam as horas e se a pessoa fala outra língua que não o português, atacam de maneira rápida, tomando tudo o que é possível. Outros furtos são aplicados também em quem não é turista, mas idoso.

Todavia, o medo era uma constante muito mais nas incursões que realizei junto aos usuários do que nos depoimentos. O nervosismo permeou de forma invariável as transações. Mesmo os mais experientes, escolados na arte de comprar cocaína nas ruas do bairro, em alguns momentos deixavam transparecer algum receio, que afirmavam depois ser inevitável. O medo, na maior parte das vezes, estava ligado à possibilidade de ser preso ou de ser vítima de alguma covardia nas mãos dos policiais. Alguns usuários que haviam passado por essa experiência relataram em tom de amargura os episódios de suas detenções em flagrante. Aqueles que nunca haviam estado envolvidos em eventos similares demonstraram receio não só de ser presos em flagrante, mas também de possíveis retaliações dos policiais.

Longe de ter uma visão romântica do bairro, com indivíduos alheios à comercialização de drogas e os envolvidos nessa atividade vivendo em harmonia, quero antes chamar a atenção para os cruzamentos, as interações, as relações que se justapõem entre o mundo legal e o ilegal, o mundo da ordem e da desordem,[33] ou para aquilo que Gilberto Velho chamou de "mundos de Copacabana".[34]

Além da orla, outros pontos de destaque na movimentação noturna em Copacabana são as ruas adjacentes à avenida Atlântica. Os estabelecimentos comerciais mais comuns nesse trecho são os vinculados à prostituição, como boates, bares, restaurantes... e mesmo as ruas e calçadas. No trecho que faz fronteira com o bairro do Leme é possível encontrar oito dessas boates. Levantar a prostituição em Copacabana é importante, pois no trabalho de campo ficou visível o elo entre prostituição e consumo de drogas.

É pouco comum o consumo de qualquer droga ilegal no interior das boates. Mas o repasse pode existir, ou mesmo a inclusão de drogas na negociação do preço do programa. Em geral a cocaína tem melhor aceitação e circulação do que a maconha, por ser, segundo as prostitutas, a mais segura — o transporte é mais fácil e o consumo não deixa odores como a maconha, por exemplo — e mais rápida no efeito, pois sua ação é mais imediata.

O público usuário dos serviços das prostitutas geralmente é externo ao bairro: turistas, nacionais ou estrangeiros, ou moradores de outros bairros da cidade. Os estabelecimentos já mencionados atraem,

---

[33] Zaluar, 1994 e 1998.

[34] Ver Velho, 1999.

principalmente no período da noite, um grande número de homens. Isso marca uma diferença crucial em relação a outros bairros da cidade. Mas não é uma característica de todo o bairro de Copacabana, que tem pontos de lazer e de venda de drogas ilegais freqüentados quase que exclusivamente por moradores. Nesses pontos, até mesmo os vendedores são de morros ou favelas do bairro.

Até algum tempo atrás (1996) era possível observar um fluxo intenso de usuários de drogas nas imediações dos estabelecimentos comerciais, como bares e restaurantes. Contudo, mais recentemente, os próprios donos desses estabelecimentos contrataram seguranças e puseram para correr aqueles que ficavam por ali à toa, esperando a chegada de algum vendedor. Em alguns casos, com violência, como relatado por um usuário que freqüentava o local. Certa vez, conversando com duas prostitutas e esperando por um indivíduo que repassava cocaína, esse usuário foi covardemente agredido por dois rapazes, prestadores de serviços de segurança, que os exerciam com truculência. Esse episódio serviu para inibir a presença de indivíduos que rondavam alguns bares unicamente à procura de drogas.

As prostitutas usam drogas nas ruas do bairro, porém não em frente aos bares e restaurantes com presença ostensiva de seguranças. Geralmente um homem passa de motocicleta, pára na calçada e puxa conversa com uma prostituta. Menos de cinco minutos depois, o rapaz sai sozinho, dobra uma esquina próxima, e a menina vai a pé encontrá-lo. É então que acontece o consumo de cocaína. Em poucos minutos ela volta visivelmente alterada, retorcendo a boca e mais agitada. Informantes confirmaram esse tipo de relação em que o pagamento também pode ser feito na base do sexo em troca de droga. Nesse caso, a prostituta já ofereceu seus serviços, e então recebe sua compensação.

Na verdade, foram muitos os comentários de informantes e confissões de prostitutas e michês — chamados de forma politicamente correta de "profissionais do sexo" — de que muitos jovens, de ambos os sexos, se prostituem para consumir as drogas das quais se tornaram dependentes. Também há histórias de prostitutas e michês que complementam a renda ou "fazem um ganho extra" como repassadores ou para alguns fregueses certos ou para turistas desconhecidos que não sabem onde nem como comprar as drogas.

Nas conversas informais que tive com mulheres de programa, praticamente todas negaram o uso de drogas. Todavia, não foi apenas num ponto, numa esquina ou num estabelecimento comercial que pude observar o consumo de drogas ilegais. Existe intensa movimentação em frente a uma famosa boate, onde há uma grande concentração dessas mulheres. No banheiro do restaurante que fica ao lado da boate, notei um fluxo incessante de "meninas", um entra-e-sai frenético. Em poucos dias, descobri o motivo. Nesse banheiro há um forte consumo de cocaína, feito, como em todo o bairro, discreta e privadamente. Entretanto, como veremos no capítulo 2, os usuários de drogas mostram-se reticentes quanto à realização de negociações desse tipo com as prostitutas. Só os mais confiantes se arriscam a efetuar transações com elas.

Outro circuito muito alvissareiro para os usuários de drogas são os bares, ou mesmo os ambulantes que têm barracas nas imediações de uma importante favela do bairro. Nos últimos anos, tem crescido consideravelmente o número de indivíduos que vendem churrasquinho, cachorro-quente e cerveja nas calçadas dos mais diversos bairros, e em Copacabana isso se tornou comum, sobretudo nos acessos às favelas, estimulando outras redes de sociabilidade. Nesse circuito, o trânsito de usuários também é intenso, mas com algumas diferenças, como veremos mais adiante. De qualquer maneira, vários usuários mencionaram que não costumam negociar drogas com os vendedores da área por temer as freqüentes ações policiais.

O bairro de Copacabana é então um *locus* promissor para qualquer estudo que pretenda compreender as especificidades do meio urbano. Ou mesmo analisar situações nas quais o indivíduo se expõe publicamente, em particular e em interações face a face.

CAPÍTULO 2

Os que chegam com a noite

O cenário é sempre o mesmo. Nele, prostitutas e travestis estão em pontos regulares, trabalhando no sexo ou negociando drogas. Os garçons dos bares quase não mudam, os porteiros podem alternar de prédio, os atendentes dos quiosques tiram seu habitual cochilo na madrugada, os "guardadores de automóveis" estão firmes em seu propósito de testar a paciência dos motoristas e extorqui-los. Todavia, a cada noite, aparecem novos usuários, não necessariamente moradores de Copacabana, assim como surgem outros vendedores de droga, visto que alguns deles não têm presença constante nas ruas do bairro. Assim, é preciso recomeçar, estabelecer novos pactos de confiança, angariar a simpatia das pessoas em curto prazo de tempo. Um usuário pode ficar sem aparecer por quatro, cinco meses e, quando retorna, ser evasivo quanto ao seu súbito desaparecimento.

Investigar como os usuários de drogas se relacionavam e de que maneira faziam contato com os traficantes de diversos tipos exigiu boa dose de coragem e paciência. As relações de confiança entre usuários são cercadas de suspeita do outro (quando não há um mínimo de familiaridade) e medo da polícia (e não apenas porque ela representa a autoridade, mas pelo uso e abuso da força). Confiar, fiar, tecer. Esta talvez seja a chave para penetrar na urdidura dos procedimentos que compõem as relações entre usuários.

Copacabana é um bairro que oferece múltiplas possibilidades de lazer e prazer a noite inteira. Para reforçar o que estou dizendo talvez valha a pena descrever a transição da tarde para a noite, vista de um quiosque instalado no calçadão da avenida Atlântica. Chego por volta das 18 horas (horário de verão) de um dia de semana. Ainda não se instalou o ritmo frenético da noite. As pessoas que transitam junto à praia ainda estão curtindo um belo dia de sol e aproveitando o cair da tarde para conversar, caminhar, beber, namorar e não desperdiçar um início de noite que promete um céu estrelado, sem vestígio de chuva. Essas pessoas têm idades variadas, roupas díspares; a característica marcante é a inexistência de um traço que as defina como, por exemplo, *habitués* da noite. Observam-se senhoras que já atingiram a terceira idade, rapazes exibindo músculos, meninas voluptuosas mas sem sinais de vulgaridade, mulheres com idade oscilando entre 25 e 40 anos aguardando os filhos que disputam partidas de futebol na areia, jovens e idosos que praticam caminhadas, adolescentes andando de bicicleta na ciclovia.

Com o passar das horas, este público até então hegemônico é substituído. Passam a percorrer o calçadão prostitutas, travestis, "meninos de rua", notívagos, turistas e os usuários de droga. Diria que a partir das 22 horas é que ocorre essa transição. Os usuários surgem e com eles também despontam os vendedores de droga. Os quiosques tornam-se um ponto de encontro promissor, reunindo pessoas com interesses múltiplos, o que ajuda a dissimular as transações. Isso não quer dizer que em toda a orla ocorram negociações com drogas ilegais — basicamente cocaína —, apenas que, nesses trechos da praia, a lei da oferta e da procura é mais intensa.

De segunda a segunda, não existe queda acentuada no movimento de pessoas ávidas por drogas, salvo quando está chovendo. Em alguns quiosques predomina um certo público, como no caso, por exemplo, de determinado posto onde existe um reconhecido ponto *gay*, ou de outro onde é possível encontrar pessoas — a maioria homens — com suas motocicletas Harley-Davidson. Contudo, a composição social heterogênea é a característica marcante dos quiosques, o que mais uma vez afasta as suspeitas de que esses lugares sejam locais de tráfico. Não há um sinal forte que confira uma marca ou defina os freqüentadores do calçadão da praia. Os próprios usuários dizem que, muitas vezes, as pessoas que não têm conhecimento dos esquemas de compra e venda de tóxicos ficam alheias a toda a movimentação, não detectando nada de "anormal".

Os usuários em busca de droga na "pista"[35] o fazem por comodidade. Segundo alguns depoimentos, ocorrem situações aflitivas quando têm que recorrer ao "movimento".[36] De acordo com um usuário que, no passado, foi cliente contumaz de alguns pontos de venda de tóxico situados em favelas da Zona Sul carioca, subir o morro para comprar droga sempre é uma atividade tensa. Não que o asfalto não seja palco de tormentos; o que esse usuário destacou numa conversa informal foi a influência exercida pelos traficantes sobre os moradores da favela e os riscos reais que correm de uma bala perdida, a desconfiança dos traficantes e da polícia, "duras", cobranças de dívidas, impossibilidade de reclamar da mercadoria etc.

A maior parte dos consumidores da "pista" é da classe média e de cor branca. Vários não moram em Copacabana, embora a maioria resida na Zona Sul. A faixa etária é larga, havendo predominância de idades entre 20 e 35 anos, embora não seja raro encontrar menores de 18 anos e pessoas com mais de 40. O número de homens supera o de mulheres, que em geral nunca estão sozinhas. A droga mais comercializada é a cocaína.[37] O preço é muito mais caro se comparado ao do "movimento". Um papelote de cocaína nunca custa menos de R$15,00 — nas favelas encontra-se papelote por até R$3,00. Segundo me informaram os usuários, existe uma agravante no que diz respeito ao comércio de drogas no asfalto: é a qualidade da droga. Não raro a cocaína está "batizada", isto é, vem misturada a vários tipos de analgésicos, farinha, cimento branco e sabe-se lá mais o quê.

---

[35] "Pista" significa rua, asfalto.

[36] "Movimento" é a denominação dada ao tráfico praticado na favela.

[37] Ver Velho, 1999:17.

Muitas conversas mencionaram a má qualidade da cocaína, uma reclamação feita sobretudo pelos consumidores mais velhos. Todavia, esses mesmos usuários não sobem o morro, preferindo muitas vezes se arriscar a comprar cocaína de qualidade duvidosa. Isso também tem a ver com a oferta e a demanda de produtos ilegais. Não é apenas o preço que move o comprador, também o cálculo dos riscos que corre. Desse modo, o excesso corresponde à falta. Há a ansiedade daqueles que já cheiraram cinco, seis, até nove papéis, partilhados por exemplo com três outras pessoas numa noite e, por volta das quatro horas da manhã, estão dispostos a comprar droga com preço inflacionado. Diversos usuários afirmaram que não ficam ansiosos para começar a cheirar, mas depois que começam fica difícil parar. Assim, quem possui apenas o dinheiro certo para a compra da "rapa" — nome dado pelos usuários à cocaína — realiza um périplo pelas ruas de Copacabana. É quando entra em cena a figura do "vapor".

"Vapor" é a alcunha dada àqueles que vendem droga no asfalto. Em sua maioria são homens, sem hegemonia de cor e com idades variadas. A abordagem do "vapor" nunca pode ser súbita, melhor se for feita com a mediação de um conhecido dele. O "vapor" nunca fica "plantado", fixado num mesmo lugar; está sempre circulando, pois está sujeito às incursões da polícia. Ele se "evapora", desaparece e surge em outra rua. Os "vapores" são arredios a perguntas, restando então ouvi-los, embora também falem pouco. São conhecidos por nomes falsos, quase nunca apelidos. Os usuários, ao contrário, utilizam seus nomes verdadeiros.

Nesse ponto já se observa um sinal de busca de confiança. Para os usuários, declarar o próprio nome não implica risco, pois não seria interessante para o "vapor" citar os nomes de seus clientes, até mesmo porque é dito apenas o primeiro nome (quando dito). Confessar o nome cria uma certa familiaridade, revigora a confiança, estabelece uma linha de segurança mútua que inspira um mínimo de crédito. Já os "vapores", eles têm sempre um apelido ou nome fictício, e encontrá-los por seus nomes próprios é pouco comum. Ressalta-se que um mesmo vendedor pode ter, em alguns casos, de três a cinco nomes. Este é um dado importante, atribuído ao fato de ser um modo de tentar iludir a polícia, confundindo-a, não dando margem para a descoberta de reais identidades. Esta é também uma das estratégias que visam omitir o que poderia ser símbolo de um estigma, ou, em outras palavras, a manipulação da informação sobre uma pessoa como forma de esta se manter nos bastidores, evitando a exposição completa no palco das transações.[38]

Como disse, os "vapores", em sua maioria, são homens. As mulheres que praticam essa atividade possuem certas peculiaridades. Parte delas também trabalha na prostituição. Elas fazem o programa e arrumam a droga ou apenas vendem a droga. Tanto dentro das boates quanto nas ruas, existem prostitutas que negociam drogas, principalmente cocaína. Todavia, as garotas da "pista" são mais afeitas a esse tipo de negócio. Nas conversas informais com prostitutas, praticamente todas negavam não só repassar drogas, como também usá-las. Com o andamento do trabalho de campo, foi possível observar com nitidez sua intimidade com os "vapores" e seus clientes. Nada mais óbvio, uma vez que essas mulheres estão constantemente nas ruas e precisam desenvolver estratégias (individuais ou coletivas) de proteção, e porque, de fato, "a prostituição é uma modalidade de relação de troca em que há uma permuta das 'coisas'".[39] Portanto, a transação com drogas é sempre possível. Já as prostitutas que agem em boates sentem-se mais vigiadas e, por conseguinte, protegidas. Segundo alguns informantes, os donos desses estabelecimentos procuram não deixar que o tráfico fique escancarado.

Durante a pesquisa consegui, por intermédio de um usuário, contactar uma prostituta de "pista" que exercia muitas vezes a função de "vapor". Ela afirmou que fazia um ou outro programa e o repasse de drogas ajudava a sustentar seu vício em cocaína. Sucede que essa mu-

---

[38] Goffman, 1985.

[39] Gaspar, 1984:36.

lher tinha dois clientes assíduos nesse esquema: ela recebia o dinheiro — em geral, R$50,00 — e apanhava a droga em algum quiosque ou esquina do bairro. Os usuários declararam que nunca houve dolo nessa relação. Certa ocasião, o usuário não dispunha do dinheiro e teve que ir antes a seu apartamento — que ficava a uns cinco minutos a pé — para pegá-lo. Levou três papelotes de cocaína que estavam com a tal mulher, evento pouco comum. Mas o mais inusitado nesse episódio é que a prostituta trazia consigo a cocaína, o que não é usual como tática para evitar flagrante e processo como traficante. Em outra oportunidade isso voltou a acontecer, e pude vê-la tirar de dentro da vagina um preservativo masculino aberto contendo cerca de cinco papelotes.

Contudo, os usuários não costumam entregar dinheiro a prostitutas em troca de droga. A respeito dessa possibilidade de negociar cocaína com as mulheres que estão na "pista" vendendo serviços sexuais, um usuário relatou:

> Sei lá, elas estão trabalhando, vendendo o corpo, e é claro que elas transam cocaína também, mas porra, eu sei lá. Fico meio bolado, tá ligado? Eu prefiro pegar direto com o vapor que tá ali pra isso mesmo. Eu não como piranha na rua, mas não tenho nada contra. Agora pegar "rapa" com elas eu não gosto. É cada um com seu cada um.

Nota-se que os usuários não confiam em prostitutas na hora de negociar com drogas. Segundo eles, um dos motivos seria também a freqüência delas na "pista", já que, estando invariavelmente no mesmo ponto da avenida Atlântica e ruas adjacentes, ao comercializarem a droga tornar-se-iam um alvo fácil e mais vulnerável para a polícia. Os "vapores", ao contrário, errantes e com seus ziguezagues, despistam a polícia, o que torna a transação comercial com eles mais segura do ponto de vista da possibilidade de flagrante, apreensão e prisão. Mas não se trata apenas disso: a desconfiança em relação às prostitutas também passa por uma eventual criação de intimidade, raiz dos afetos e da amizade que, segundo Simmel (1983), boa parte dos usuários dispensa. Mesmo fazendo questão de afirmar que não possuem nenhum problema "moral" com a prostituição, atribuem a quem desempenha a atividade uma certa má-fé. Em outras palavras, boa parte dos usuários é cética quanto a esse tipo de transação.

É possível também encontrar mulheres grávidas, da chamada população de rua, às vezes com crianças pequenas, fazendo o papel de "vapor". Em geral essas mulheres ficam sentadas nas praças, mesmo à noite, não despertando maior atenção. Os usuários também se mostram reticentes quanto a pegar cocaína com essas mulheres. Segundo eles, a qualidade até não é ruim, o problema é que elas estariam quase sempre rodeadas de "meninos de rua", às vezes dispostos a furtar os mais incautos. Os "vapores" homens e até mesmo as prostitutas seriam mais confiáveis. Ou seja, os meninos ladrões constituem um risco mais certo do que a própria polícia.

A relação do consumidor de tóxico com o "vapor" ganha contornos de confiança em pouco tempo. Quando o primeiro compra a cocaína do segundo pela quarta ou quinta vez já se sente mais confiante que a transação terá um desfecho satisfatório e seguro, de acordo com as expectativas que cercam as transações comerciais: dá-se certa quantia em qualquer moeda. E mais, o consumidor de alguma maneira já sabe da qualidade da mercadoria, embora no fundo isso seja sempre um tiro no escuro. Explico melhor. Mesmo com um "vapor" conhecido, a qualidade da droga nem sempre é atestada pelo vendedor. Muitas vezes o próprio "vapor" ressalta que a cocaína não é lá das melhores, muito embora sempre afirme que é possível ter uma "onda" — ter os mesmos efeitos, ainda que o produto não seja de alto nível. A propósito, para encontrar uma droga considerada pelos usuários como de "primeira" não é preciso apenas encontrar um "vapor" de toda a confiança, também é preciso sorte, pois quem vende nunca se responsabiliza pela qualidade.

É importante assinalar que muito raramente acontece o calote. As transações são cercadas de regras seguidas pelos dois lados da relação: toda dívida contraída é paga e alguns usuários arriscam-se a pagar antes, para receber a droga depois. Na "pista", não há a possibilidade de endividamento, como se verifica em bocas-de-fumo e com comerciantes que trabalham em lugares mais fixos. Assim, "vapores" e usuários estabelecem uma relação de crédito de mão única. O freguês paga e depois recebe a mercadoria. Nunca acontece o contrário, salvo no caso já relatado da prostituta e de seus dois clientes fixos. O logro só ocorre quando o "vapor" não possui boa reputação, o que tende a se espalhar. Mesmo com identidades fictícias, as reputações são conhecidas e visíveis. No grupo de usuários acompanhado não se verificou nenhum caso de engano e não ouvi queixas sobre qualquer "vapor" recomendado, isto é, correto nos procedimentos comerciais. Houve casos em que encontrei consumidores dando o dinheiro para a obtenção da droga que o "vapor" não trazia consigo, tendo que buscar alhures, constantemente de táxi, pago pelo usuário. Episódios como esses demonstram que existem "vapores" com clientela formada, o que ficou claro nos depoimentos de usuários. Ouvi relatos de um ou outro episódio no qual um amigo de um usuário tentou obter a droga, pagou e não viu a mesma depois. Mas trata-se de uma exceção, e só ocorreu, segundo relatos dos próprios usuários, porque houve precipitação — quase como se o calote fosse merecido porque o consumidor desobedeceu às normas da negociação. Em outras palavras, afobou-se e comprou cocaína com o primeiro gaiato que encontrou. A imprudência acabou tendo seu preço.

Durante o trabalho de campo, foi possível notar uma variedade enorme de vendedores de cocaína na noite de Copacabana, alguns mais assíduos que outros. Não se sabe ao certo de onde vêm e qual seu destino quando saem do bairro. Até mesmo a procedência da droga torna-se irrelevante para o usuário, não só porque anseia pela mercadoria, mas também porque quanto menos perguntar melhor, quanto menos souber melhor para sua segurança e para a relação de confiança.

Vale acrescentar que essa rede informal não visa proteger ninguém em especial, pois, se qualquer um passa a não ser mais útil ou mesmo a ser perigoso para a existência dela, essa pessoa que se tornou um incômodo pode ser descartada sem maiores transtornos, no mais das vezes apenas com meras advertências ou recorrendo-se à intimidação, sem se chegar às vias de fato. Segundo um usuário: "às vezes, dá um tempo de Copa, se não pira". Indivíduos que negociam drogas ficam sem aparecer uns três, quatro meses, e depois retornam com o mesmo ritmo.

O patrulhamento policial na avenida Atlântica é ostensivo durante a noite, mas não inibe o comércio ali realizado (com o perdão do trocadilho infame) a todo vapor. A própria polícia, muitas vezes associada ao uso exagerado da força e a um total descaso pelos direitos civis, não costuma se exceder na "pista". Diferentemente da ação nas favelas, a "pista" — por ter mais visibilidade, pessoas com poder aquisitivo maior — não inviabiliza, mas reduz a possibilidade do uso exagerado da força. De fato, poucas vezes presenciei a detenção de alguém suspeito de estar traficando. Os usuários demonstravam um certo nervosismo, mas muitos acabavam agindo com naturalidade, relaxando ante a indômita e inabalável tranqüilidade dos "vapores", simulando conversas absolutamente rotineiras, como falar de futebol ou do clima. A polícia, volta e meia fazia incursões nos quiosques, vasculhava a areia próxima ao calçadão, além de esquadrinhar as latas de lixo. Todavia, ninguém era revistado ou detido. Quem já adquiriu experiência nessas situações (*blitz* em quiosques) tem preferência por mesas situadas nas laterais dos quiosques, pois estas dificultam a visão dos policiais que passam nas viaturas pela avenida Atlântica e permitem prever até mesmo uma ínfima ameaça. Mais uma vez, as táticas de posicionamento, os pequenos e sutis rituais de aproximação, os cuidados na escolha dos parceiros visam dar previsibilidade à situação instável e precária de uma atividade ilegal supostamente reprimida.

Praticamente todos os usuários com quem travei contato já haviam vivido momentos angustiantes — nos circuitos mais perto das favelas — envolvendo a polícia, seja durante uma investida policial em que se inicia um tiroteio com os traficantes, seja numa revista na descida do morro, o que, conforme os usuários, é mais freqüente. Uma vez encontrada uma quantidade prosaica de tóxico, é sugerido ao usuário o pagamento de uma gratificação para não ser preso. O termo usado pelos policiais é "fortalecer". Os usuários relataram que, ao descerem do morro e feita a inspeção, eles (os policiais) dizem que da mesma forma que os que sobem o morro "fortalecem" o traficante, também precisam "fortalecer" o outro lado. É comum então que o "fortalecimento desse outro lado" envolva a entrega de um relógio como forma de pagamento e até a retenção da própria droga, dispensando-se assim o flagrante e a prisão.

Os usuários ressaltaram que, em episódios envolvendo a polícia, quase sempre é possível "desenrolar". Em outras palavras: conversar com o policial a fim de procurar se safar de uma situação desfavorável, especialmente na "pista" e no circuito das boates. Mas isso não anula a possibilidade de sofrerem extorsões, nem elimina o medo que têm de ser achacados, o que ocorre em outro setor do bairro, nas ruas adjacentes à favela. Os principais alvos dos achaques e os que mais se envolvem em situações de perigo são, portanto, os usuários de camadas subalternas, de baixo poder aquisitivo, que dispõem de parcos recursos para fazer "barganhas". Não é o caso de grande parte dos usuários que freqüenta Copacabana e negocia na "pista" ou no circuito das boates, onde a negociação é mais discreta.

Muitos usuários que estão na "pista" faz tempo estabeleceram com alguns policiais relações mais próximas, e até amistosas. Para ilustrar, vejamos um episódio vivido por um usuário. Esse indivíduo estava em busca de cocaína e, como geralmente fazia, dirigiu-se a um dos quiosques de grande movimento na orla. Depois de alguns momentos, avistou um homem que poderia ser um "vapor". Uma rápida conversa, e este explicou que a droga não estava com ele e, sim, na areia. Seguiram os dois em direção à praia, andaram uns 20 metros e, subitamente, o suposto "vapor" sacou uma arma e anunciou o assalto, levando R$30,00, todo o dinheiro de que o usuário dispunha para comprar cocaína. O que se segue pode parecer insólito, mas não é. Assim que o assaltante deixou a areia, o usuário percebeu que o meliante falou com alguns policiais que estavam em uma viatura e foi embora. O usuário foi então falar com os policiais e disse que o rapaz que falara com eles cinco minutos antes o havia roubado, explicando que tinha ido até a areia fazer uma negociação com drogas. Os policiais sugeriram que ele (o usuário) seguisse com eles até a casa do ladrão (a polícia sabia onde o assaltante morava) e fizeram com que este devolvesse o dinheiro, ou a mercadoria. Esse episódio terminou com o usuário levando um papelote de cocaína e uma trouxinha de maconha e o assaltante recebendo um aviso da polícia de que se continuasse com esse comportamento sua vida teria um fim próximo.

Esse episódio revela que muitas vezes a polícia não tem uma conduta padrão. De qualquer forma, mesmo sendo aparentemente contraditório, segundo um informante, quase sempre é possível saber como agir com a polícia. Basta saber quem está de plantão nas cabines e se no momento existem muitas viaturas nas ruas. Não é preciso estar informado plenamente para se arriscar a obter droga na "pista". Os usuários são unânimes em afirmar que desconfiam dos policiais. Em alguns relatos, os consumidores de drogas referem-se aos policiais como "bandidos de farda", o que lhes permite o uso excessivo da força. Os usuários chamaram também a atenção para os policiais "quebradores", aqueles que, por serem soberanos na tomada de decisão quanto ao resultado de um eventual flagrante, não praticam apenas a extorsão, mas batem e, em certos casos, até matam.

Citar Paixão (1982) nesse momento faz-se necessário porque o autor indica um dos comportamentos policiais mais comuns no dia-a-dia. Trata-se da "lógica em uso", um discernimento muito peculiar sobre os procedimentos de conduta em cada experiência. Segundo o autor, os policiais que estão no *front* descartam os formalismos, que só serviriam para atrapalhar o trabalho policial. Não pretendo estender essa discussão, mas antes ressaltar que, por parte dos usuários, existe uma eterna desconfiança, aliada ao medo e acrescida de repulsa em relação à polícia. Estes últimos, por outro lado, adotam métodos ambíguos no tratamento que dispensam aos usuários.

A utilização das drogas varia de acordo com o usuário. Acompanhei diversos casos em que a droga foi consumida no próprio local da compra, como atrás dos quiosques, ou nas ruas mais escuras. Isso ocorre quando a pessoa não dispõe de um lugar seguro para ir. Há também os que se dirigem às casas noturnas e consomem a droga lá dentro. A forma de consumo das prostitutas é mais visível, estejam elas apenas usando ou traficando. Nesse sentido, ao contrário da maconha, a cocaína é uma droga de consumo fácil e rápido. Depoimentos de usuários confirmam isso. Mesmo que a maconha já esteja apertada (em forma de cigarro), ainda assim o cheiro é forte e desperta muita atenção de quem passa. Ela implica um risco maior, mesmo que não se detecte do que se trata. A cocaína é mais simples de ser consumida. O rito é singelo: abre-se o papelote, derrama-se o pó sobre uma carteira, fazem-se as carreiras com um cartão de banco, telefone ou similar e cheira-se. Durante o verão, observei que alguns usuários, depois de comprarem a cocaína, caminhavam até a areia e lá cheiravam. Em geral, os grupos de usuários que adotam esse procedimento não passam de três membros — um número maior despertaria a atenção da polícia. Em outros casos, os usuários caminham até uma rua com iluminação deficiente, sempre em grupos pequenos.

A melhor hora para se comprar cocaína é por volta das 23 horas até às duas da manhã. Antes disso é possível se achar um produto de boa qualidade, depois fica mais difícil, e de novo é acionado o "vapor" conhecido. No horário mencionado é que ocorre o ápice do comércio de drogas no asfalto. Já citei a recorrente reclamação de parte dos usuários quanto à qualidade da cocaína. Isso ocorre porque há uma parcela enorme de consumidores de classe média ávidos em cheirar, mas que não querem ir ao morro. Sucede então uma pulverização da oferta. Alguns informantes afirmam que existem "vapores" em quem não se deve confiar. E não apenas no que diz respeito ao ato da negociação, mas também ao próprio produto oferecido. Mesmo aqueles que gostariam de cheirar mais cocaína, muitas vezes relutam em adquirir algum papelote com um "vapor" que não conhecem ou que conhecem apenas de vista, mas do qual não têm referências. Não há como o consumidor saber se a cocaína que está comprando é de boa qualidade, a não ser que a cheire no ato da compra, o que não é comum acontecer.

É evidente o risco de se "essencializar" as atividades dos vendedores de cocaína. Contudo, a tentativa aqui é de valorizar as observações feitas e as informações obtidas, a fim de compreender como os usuários se solidarizam com os que porventura enfrentam dificuldades no seu empreendimento e que manobras fazem para evitar armadilhas, engodos, e tudo mais que signifique total ausência de previsibilidade nas relações, mesmo aquelas efêmeras dos encontros na rua. Nas poucas entrevistas que realizei é patente o respeito à lei do silêncio em relação a nomes, o que revela em parte as dificuldades de alguns esforços repressores e investigativos.

Caminhos perigosos

Uma linha tênue separa o que pode ser dito pelas partes do negócio e o que deve ser insinuado. O sigilo é inviolável. Os códigos usados entre o "vapor" e sua clientela são muito singulares. Precisei de muito tempo para decifrar essa notável coleção de preceitos, gírias e olhares. O usuário chega ao quiosque, acompanhado de um ou mais amigos e bebe cerveja. Como já disse, é conveniente que um dos amigos já mantenha contato com algum vendedor. Quando isso não acontece tem curso uma encenação, um jogo de intenções. É fundamental que os indivíduos que entram nesse jogo estejam minimamente familiarizados com as estratégias de ambas as partes. Em menos de 20 minutos já é possível perceber a presença de um "vapor" na mesa ao lado. O contato inicial é um olhar dissimulado, carregado de fingimento.

É óbvio que não são apenas os usuários de drogas que freqüentam os quiosques; contudo, quem deseja obter o tóxico passa a olhar o outro com mais intensidade, a fim de provocar um sinal ou conseguir uma aproximação. Justo quando acontece a avizinhação é que o cabedal de gírias é acionado, de início pelo "vapor", que ao se acercar do usuário em potencial pergunta algo como: "o que acontece?". Essa pergunta aparentemente banal, desprovida de sentido mais profundo, é a senha para que o suposto usuário se identifique ou se apresente como tal. O "vapor", com a convicção de que está com alguém que deseja a mercadoria que ele possui, vai direto ao ponto em questão: quanto a pessoa quer. Se o indivíduo for um usuário, vai aproveitar a deixa e perguntar o que ele (o "vapor") tem. Este diz algo aparentemente aleatório, como por exemplo "demorou". E rapidamente a transação é realizada. A maioria dos "vapores" possui qualidades de prestidigitador; a agilidade de movimento das mãos o capacita, por exemplo, a enfiar um papelote no bolso da camisa de um usuário sem que este sequer perceba.

Em todas as negociações que presenciei a conversa não demorou mais que 15 minutos. Passado esse tempo, o "vapor" começa a ficar desconfiado quanto ao real interesse em comprar a droga, ou quanto à identidade de quem está ali, se é um jornalista ou até mesmo um policial disfarçado. Assim, o usuário que não quer despertar suspeitas no ato da transação leva consigo um amigo que conheça as manhas do negócio. Numa ocasião, um usuário (morador de Copacabana) chegou de uma festa no bairro de Vila Isabel e foi com um amigo até um quiosque na praia por volta das três horas da manhã com o fito de encontrar algum vendedor. Ao chegar, pediram duas cervejas em lata e perceberam que na mesa ao lado estava um homem negro, forte, vestido com uma jaqueta de couro, embora a noite estivesse com uma temperatura bastante aprazível. Esse usuário, depois de duas ou três olhadas que indicavam que o homem era um "vapor" — apesar de nunca tê-lo visto antes —, aproximou-se e tentou iniciar uma conversa prosaica. O que se seguiu foi um duelo de gírias, no qual cada um esgrimia as palavras com tal destreza que, mesmo acompanhando de perto essas negociações há um certo tempo, fiquei surpreendido com a perícia verbal tanto do vendedor quanto do usuário. Após febril conversação, um dos amigos foi em casa (que ficava a um quarteirão de distância) pegar mais dinheiro para efetuar a compra da droga.

No que diz respeito às estratégias empregadas pelos usuários, as incursões nos quiosques não possuem muitas variações. Em geral, olha-se discretamente para ver que tipo de pessoa está presente. Na maioria das vezes é o "vapor" que faz o contato, porém dificilmente o fará se desconfiar da presença de algum "x-9". Durante vários meses circulou a notícia de que agentes do serviço reservado da Polícia Militar — chamados de p2 — estariam infiltrados e misturados aos populares. Nesse período, os sinais e a abordagem do "vapor" foram feitos com mais cuidado. Os usuários com os quais travei contato viveram durante esse tempo agindo com cautela redobrada. A compra rápida de cocaína, ou seja, chegar a um quiosque e logo fazer contato, ficou menos comum. Mas esse terror durou cerca de quatro a seis meses e, em seguida, o boato sobre possíveis policiais infiltrados no grupo converteu-se em mais um risco incorporado à atividade de obter drogas ilegais.

Mas foi durante essa época que se instalou entre usuários e "vapores" a desconfiança mútua. Um dos critérios que já mencionei para se distinguir um usuário de um "x-9" era a indicação de um amigo. Esse era o passaporte que praticamente garantia a admissão nas situações de comercialização de drogas. Contudo, as conversas mantidas em locais como os quiosques passaram a ter um grau maior de escamoteação.

Nesse ponto vale citar Simmel, que, escrevendo a respeito da conversação, afirma:

> A conversa é desse modo a realização de uma relação que, por assim dizer, não pretende ser nada além de uma relação — isto é, na qual aquilo que usualmente é a mera forma de interação torna-se seu conteúdo auto-suficiente.[40]

A conversa, nesse contexto, anima uma negociação. Mais do que isso: como está em curso uma atividade ilegal e perigosa, é por intermédio da conversa que se torna possível detectar se o usuário em ques-

---

[40] Simmel, 1983:177.

tão é um amador. Por outro lado, não existe amadorismo em relação aos "vapores", ninguém está ali para brincadeira. Desse modo,

> o ponto decisivo pode ser apresentado aqui pelo destaque de uma experiência muito trivial: na seriedade da vida, as pessoas conversam por causa de algum conteúdo que querem comunicar ou sobre o qual querem se entender, enquanto numa reunião social conversam por conversar. No primeiro caso, atinge seus verdadeiros fins, mas não no sentido naturalista que faria dela mera tagarelice, mas como arte da conversação, que possui suas próprias leis artísticas.[41]

Todavia, como já disse antes, assisti a raras investidas contra usuários, e esta seria, segundo um deles, a grande vantagem em relação à compra de drogas nas favelas. Nas palavras de um consumidor experiente em obter cocaína nas ruas do bairro:

> No morro tem o *stress* com algum soldado ou alguém do movimento, tem a polícia, que quando sobe já chega arrepiando. Aqui no asfalto é tenso também, tem sempre que ficar ligado, porra, mas nem se compara.

Outro usuário, que hoje compra exclusivamente na "pista", mencionou que, no passado, uma incursão à favela por pouco não lhe custara a vida. Desejando comprar 14 papelotes de R$3,00 cada, reclamou no ato da compra que um dos papelotes estava furado e pediu para trocá-lo. Na mesma hora, um garoto com cerca de 13 anos que estava fazendo a vigilância apontou sua pistola para a cabeça dele e disse que não iria ter troca alguma. Um argumento irrefutável, que dirimiu qualquer dúvida a respeito da queixa apresentada pelo freguês.

Além disso, segundo os próprios usuários, na "pista", o risco de ser preso é menor. Contudo, o medo de ser pego em flagrante é recorrente. Assim, várias "manhas", como eles próprios dizem, são postas em prática. O caso da maconha é mais embaraçoso, porque, mesmo depois de ter sido usada, deixa um odor indisfarçável nas mãos, às vezes

---

[41] Simmel, 1983: 176.

até nas roupas. A cocaína, por sua vez, tem como principal e imediata evidência de uso o nariz borrado de branco. Por isso, é comum os usuários desenvolverem o hábito de se olhar no espelho e notar o nariz. Não se trata de uma atitude narcísica, mas de uma maneira de se livrar de um indício de consumo de cocaína. É também comum pedir ao companheiro com quem se cheirou que olhe para ver se não restou nenhum vestígio da droga.

Mesmo sendo a cocaína uma droga de preço elevado no asfalto, usuários sem muitos recursos ou momentaneamente desempregados a utilizam. Portanto, não é verdade que apenas "filhinhos de papai" ou "*playboys* de classe média" consumam cocaína no asfalto, alimentando o tráfico. Indivíduos de classes subalternas podem usufruir da cocaína recorrendo a relações de afinidade. É óbvio que ter dinheiro é importante para obter na "pista" um papelote que na favela custaria bem menos, mas não são apenas aqueles que pagam que consomem. Até mesmo indivíduos com pouco ou nenhum dinheiro muitas vezes preferem apelar a relações de afinidade para obter a droga na orla ou nas esquinas por temerem os circuitos adjacentes às favelas.

Isso revela que, nas imediações das favelas predomina a mesma dinâmica violenta de controle de território de outros bairros da cidade, como foi constatado no trabalho de campo realizado em Madureira e na Tijuca.[42] Nesses dois bairros há um prolongamento dos territórios dos traficantes para as ruas asfaltadas, o que não ocorre na orla e ruas adjacentes, explicando em parte a menor taxa de crimes violentos em Copacabana (pelo menos em relação aos bairros citados). Um usuário contou como obtinha drogas na "pista" e no morro:

> No início, quando começava a noite, arrumava um tráfico de asfalto. São pessoas que servem de avião, que ficam nas esquinas do bairro e são também algumas delas dependentes, que em troca de você dar um dinheiro para a droga, eles vão e pegam a droga nos morros, isto na parte inicial da noite, depois, quando o dinheiro vai acabando, eu ia

---

[42] Ver Zaluar, 2000b.

diretamente ao morro, acabava com o intermediário. Nunca subi o morro para comprar maconha, sempre foi para comprar cocaína.

No caso da venda de drogas na orla e adjacências, os "vapores" se abastecem em vários pontos de venda situados em favelas de outros bairros da cidade, onde a droga for considerada mais pura e vendida mais barata. Isso quer dizer que, na orla, não há total controle por parte dos traficantes das favelas existentes em Copacabana ou em suas imediações — Pavão e Pavãozinho, morro dos Cabritos, ladeira dos Tabajaras e Chapéu Mangueira —, tampouco guerra constante entre eles. Esse pormenor é muito importante para compreender a relativa facilidade com que aparecem novos personagens nesse comércio e a pouca violência que envolve o negócio no bairro. Não foi notado em nenhum momento "vapores" andando armados, seja nas ruas próximas à orla, seja nas ruas internas, para manter o controle do território. Em Copacabana, o acordo com os policiais que fazem o policiamento ostensivo ou a ronda parece ser muito mais importante para o estabelecimento de um lugar de venda contínua. No caso das vendas eventuais, na atividade de repassador intermitente, a ligeireza e o conhecimento do código sutil de comunicação com os fregueses são cruciais para o sucesso da empreitada.

No circuito mais próximo a uma das favelas do bairro a situação já era bem diferente. Ali, a circulação e a sociabilidade entre usuários do local e traficantes da favela era mais intensa, como acontece em muitas áreas da Tijuca e em quase todas as de Madureira. Soube, por intermédio de usuários, que um bar nas imediações de uma favela servia de ponto de encontro para quem estivesse disposto a requisitar os serviços dos "vapores" que se abasteciam no "movimento". Um usuário afirmou que ficar parado, bebendo cerveja, em um ambulante na entrada da favela é uma das formas de se estabelecer contato com alguém do "movimento". Contudo, o risco é muito maior, pois não raro alguns homens desfilam armados, certamente envolvidos com o tráfico no morro.

Um entrevistado descreveu como adquire drogas em Copacabana:

> Bom, é, você consegue de várias formas. Até a gente ouve falar que maconha você encontra melhor que pão. O negócio é o seguinte... nessas comunidades, todas mais pobres, que ladeiam a cidade, você encontra. Tem sempre uma boca-de-fumo ali. Fora isso, você tem contatos, pessoas que usam e que estão sempre usando e compram uma quantidade a mais não sei de quem e aí passam pros seus amigos. Aí o cara, por exemplo, compra um quilo de maconha e fica com 100 gramas e passa para mais nove amigos, entendeu? Eles dividem. E de repente, o cara até ganha um dinheirinho pelo risco que tá passando. Das pessoas que eu conheço, ninguém sobrevive disso. Então é isso que eu conheço e consigo hoje. A maconha é assim, de um amigo meu que fuma e conhece uma pessoa que pode vender uma quantidade maior na casa dele, não precisa ir à comunidade. Principalmente porque a polícia fica nas saídas, então quer dizer que é muito mais perigoso. É uma atitude de risco muito maior. Você ir até a favela para comprar.

Durante a realização do trabalho de campo, minha presença era rotineira nos bares junto à favela. Foi então que obtive a informação de que há cerca de dois ou três anos, dois jovens com cerca de 18 anos foram mortos numa noite em frente ao bar por venderem drogas e estarem atrapalhando os antigos "donos do pedaço". Muitos usuários não se arriscam sequer a ir nas imediações nas favelas, pois afirmam ser quase tão estressante quanto subir o morro. De fato, presenciei algumas negociações em tais locais e ficou claro um nível de tensão muito mais elevado do que na "pista".

Nos demais pontos, a presença constante de policiais em carros ou mesmo a pé não impede de forma alguma o comércio ilegal de drogas, que se dá com grande tranqüilidade, rapidez e silêncio. Nesses pontos, o estilo de tráfico contrasta com aquele dos pontos controlados diretamente pelos traficantes de favela, caracterizado pelo uso corriqueiro de armas de fogo para controlar o território, cobrar dívidas, afastar concorrentes e amedrontar possíveis testemunhas. Essa diferença é crucial em relação a outros bairros da cidade. Mas revela que, para se obter drogas, sobretudo cocaína, é necessário ingressar em uma rede de confiança. O "conceito" ou a "consideração", termos mais usuais na favela, onde têm significado mais forte, na "pista" viram um simples "conhecimento" — a principal moeda para que o comércio se instale, como revela esse trecho de uma entrevista com um usuário morador de Copacabana:

> Cocaína, o cara tá sempre tendo que comprar, tem que tá sempre à mão. Então fica aquele cara que você conhece de alguma forma, ele tem que ser apresentado a você e ele tá ali perto de um bar, alguma coisa assim. Ou é o cara que vai lá buscar a coisa lá no morro, ali perto. É o cara que tá ali. É o avião.

Em outra entrevista, um usuário e morador de Copacabana confirmou essa informação, sugerindo, porém, que rapazes do asfalto pertencentes a famílias de renda mais baixa, sem emprego ou precisando de mais dinheiro por causa do uso mais abusivo também repassam drogas entre a "boca" — os pontos de vendas de tóxico nas favelas — e o usuário do bairro:

> Com outras pessoas de Copa, de classe média. Nunca as pessoas com quem eu me envolvi iam diretamente lá [morro], elas sempre procuravam o cara que tem menos dinheiro, um intermediário, que vai e resolve o problema. Geralmente, na época em que ele está fazendo isso, ele tem uma vida mansa, ou seja, ele acha nisso uma situação, ou para satisfazer o vício dele, ou ganhar um dinheiro em cima disso. Ou ambos. E de vez em quando, ele começa assim e acaba arranjando outras maneiras de suprir, e aí vai sendo fornecedor, que sempre tem um peso. Hoje em dia, se eu quiser comprar, eu, por exemplo, eu não tenho comprado. Mas tem amigos meus que me procuram [e perguntam]: — quer comprar?

A dimensão simbólica e prática dos consumidores de drogas ilegais envolvidos nas tramas da sociabilidade com os outros atores indica como se constrói sua própria imagem enquanto usuário de drogas. Em todas as falas ficou evidente o repúdio a toda e qualquer classificação do usuário como alguém por definição dominado pela droga, alguém capaz de fazer qualquer coisa para obtê-la. Ao contrário, predomina entre eles a construção do usuário social, o que pode ser notado na declaração que se segue:

> pois é, eu me acho um pouco, e acho até uma bandeira que eu posso levantar e ser um pouco marginal em relação a isso. Eu sou tratado como marginal. Eu procuro mostrar para as pessoas, quer dizer, eu acho que é até um pouco de militância. De repente, mostrar pras pessoas que eu produzo e eu posso me drogar comedidamente. Eu não sei até que ponto esse comedido pode ser uma coisa, né... Mas eu sei o seguinte, eu sou um ser humano, eu tenho aspirações porque eu procuro as coisas.

Em geral os usuários acabam experimentando todos os circuitos. A adesão a um deles depende do maior ou menor grau de risco a que o indivíduo esteja exposto. São situações sociais que guardam especificidades concretas e nas quais a construção da confiança é o ponto decisivo para que se estabeleça toda a dinâmica de relações. Mesmo dispondo de vasto conhecimento sobre as práticas do tráfico na "pista", fica muito claro que os usuários precisam ser cautelosos, estar sempre muito atentos, pois se trata de uma atividade clandestina, apesar de não ser oculta, por se realizar em um espaço público.

CAPÍTULO 3

O toque do diabo

Nos anos 1980 as grandes cidades brasileiras experimentaram um crescimento na criminalidade, com a decorrente intensificação do tráfico de drogas. No mesmo período, houve um aumento dos crimes violentos e, se por um lado a população da Região Metropolitana do Rio de Janeiro cresceu insignificante 1,13%, por outro, a taxa de homicídios praticamente triplicou. Vale dizer que essa taxa diz respeito às áreas mais pobres da cidade e envolve homens jovens que participam direta ou indiretamente do tráfico de drogas.[43]

Ainda na referida década, ocorreu uma mudança nos hábitos de consumo de drogas nas cidades brasileiras. Até então a maconha predominava no mercado ilícito das drogas, sendo muito usada por pessoas que de alguma forma possuíam projetos de vida alternativos, e também se associava a expressões culturais preteridas pelo sistema. Com as transformações surgidas no tráfico transnacional da cocaína, cidades como Rio de Janeiro e São Paulo, assim como cidades médias e pequenas espalhadas por todo o país, por serem locais últimos de rotas terrestres, acabaram tornando-se pontos fundamentais na estrutura hierarquizada e atraentes mercados de consumo e expansão da cocaína.

Alguns estudos chamam a atenção para a vinculação entre o crime organizado e o jogo do bicho e para o fato de que, nos últimos 15,

---

[43] Zaluar, 1994 e 1998.

20 anos, isso se estendeu ao tráfico de armas e de drogas. Leeds (1998) propõe uma distinção entre o crime organizado do narcotráfico e a organização contraventora do jogo do bicho. A principal diferença seria a relação mais "simbiótica" entre os traficantes de drogas e os moradores das favelas, além de a "natureza mais coletiva do tráfico de drogas" impor uma maior intimidação e um uso mais extremado da violência. Zaluar (1998 e 2000b), por sua vez, ressalta que a cocaína entra no Brasil com um preço mais alto que o ouro e, por ser uma mercadoria transportável de uma região a outra, onde é finalmente negociada com os consumidores, exige uma organização de tipo diferente, muito bem armada, que proteja a valiosa mercadoria em todas as etapas de transporte e comércio. Como o furto ou roubo dessa mercadoria não pode ser reclamado na Justiça, por razões óbvias, desde o início esteve associada ao tráfico de armas, com as quais os traficantes defendem seu negócio.

Com os anos 1990, vieram avalanches de imagens apresentando a cidade do Rio de Janeiro como um lugar extremamente violento, onde o medo permeia cada esquina, um meliante está sempre pronto para furtar, ou um "menino de rua", lépido e fagueiro, está à espreita, prestes a cometer um ato violento. Tudo isso adicionado à divulgação de notícias sobre pessoas atingidas — não apenas nas favelas, mas também no asfalto — por balas perdidas. O som dos tiroteios, que antes só era ouvido nos morros, passou a ser ouvido (e visto) em bairros de classe média, que, ao contrário do que acontece em outras cidades brasileiras e do resto do mundo, convive com populações muito pobres (no caso, moradores dos morros). Apesar disso, sabe-se que a violência atinge justamente as regiões mais desfavorecidas e que seus habitantes — geralmente identificados pelo senso comum como traficantes — são considerados, de maneira injusta e preconceituosa, como causadores dessa violência.[44]

---

[44] Zaluar, 1985 e 1994.

Assim, quando se fala em tráfico de drogas, quase sempre se busca uma visão linear capaz de universalizar uma explicação senão definitiva, pelo menos convincente. Todavia, há exceções:

> Na sociologia atual não se busca mais a explicação numa visão seqüencial de causa e efeito nem nas determinações da estrutura da produção que transformam as pessoas em meros fantoches do econômico. Antes opta-se pelo modelo interacional, já presente na idéia do fato social total, feito de entrelaçamentos de eventos e interpretações, construídos por pessoas que vivem, ou seja, participam de tais fatos, sentem-nos e os pensam.[45]

Faz-se necessário compreender os novos arranjos efetuados na organização do tráfico, na distribuição das drogas ou ainda nos estilos de consumo destas. O surgimento de um mercado ilegal informal é um fenômeno que conturba ainda mais a vida cotidiana nas cidades e, se incorporado a uma favela ou a um bairro, cria mecanismos ambíguos de atração e repulsa de setores marginalizados, empurrando-os para a criminalidade. Simultaneamente, oferece possibilidades (efêmeras) de ascensão social e situações rotineiras de risco de vida. Desse modo, a violência é a mediação das relações sociais e estimula condutas individualizadas, avessas a formas mais coletivas e/ou solidárias.

Há quem afirme que, de fato, a exploração do tráfico de drogas consiste em uma complexa organização erigida de forma piramidal. Mas não é possível reconstituir as relações excessivas que existem do vértice até a suposta base da pirâmide, ou seja, dos nódulos iniciais das transações, que envolvem os grandes produtores de drogas e seus maiores comerciantes, até o varejo, onde há muitos pequenos vendedores ou repassadores. As máfias e os cartéis do narcotráfico são de tal forma transnacionais que mesmo os estudiosos dessa temática não conseguem criar teorias mais consistentes a respeito. O primeiro problema já se encontra no próprio faturamento da "organização". Os núme-

---

[45] Zaluar, 1998.

ros apresentados para aferir o volume desse setor da economia mundial são sempre díspares, porque, tratando-se de uma atividade ilegal, é obviamente impossível contabilizar os lucros de modo claro e explícito. Da mesma maneira, sendo as regras desse comércio tácitas, circunstanciais e precárias, falar de organização por vezes torna-se um exagero lingüístico.

Sabe-se que a "organização" do tráfico de drogas no Rio de Janeiro obedece a uma extensa rede de competições pessoais e comerciais, com quadrilhas localizadas em favelas e em alguns bairros que se dividem em comandos inimigos entre si. Homens — em sua maioria jovens — promovem duelos sangrentos, munidos de verdadeiras armas de guerra, mas é preciso que se diga que:

> Não se trata de nenhuma guerra civil entre pessoas de classes sociais diferentes nem mesmo de guerra entre polícia e bandidos. Na Região Metropolitana do Rio de Janeiro, uma pesquisa afirma que 57% dos homicídios cometidos contra jovens tinham relação com o tráfico de drogas. Nessas mortes, os pobres não estão cobrando dos ricos, nem perpetrando alguma forma de vingança social, pois são eles as principais vítimas da criminalidade violenta, pela ação ou da polícia ou dos próprios delinqüentes.[46]

Muitos bairros e a maioria das favelas sofreram fortes transformações nas duas últimas décadas. Nos primeiros, percebe-se a ruína das organizações vicinais, alicerces necessários para a manifestação cultural, e importantes para alcançar a autonomia moral e política.[47] Nas favelas, estudos mostram que divisões e diásporas de familiares muitas vezes acontecem pela filiação a comandos rivais (o terceiro, o vermelho), por ocuparem lugares distintos nos redutos de conflito que às vezes aparta polícia e bandido.[48] O tráfico se sobrepôs às associações

---

[46] Zaluar, 1998:296.

[47] Zaluar, 1997.

[48] Zaluar, 1994, 1996 e 1998.

De Olhos Bem Abertos

de moradores, se robustecendo e enfraquecendo a mobilização popular e os propósitos de uma ação engajada.

Apesar de todas as dificuldades para se calcular os lucros dessa atividade ilegal e conhecer como se estrutura uma tal organização, estima-se que, a partir de 1982, a produção de cocaína aumentou, tendo atingido o dobro três anos depois. Estimativas do United Nations Drug Control Programme (UNDCP) de 1997 mostram que os negócios ilícitos com drogas movimentaram, somente em 1995, cerca de US$400 bilhões, o que corresponde a 8% do total do comércio internacional do petróleo. Ao mesmo tempo, o preço da cocaína diminuiu, aumentando o leque de consumidores.

A cocaína, como já disse, é a droga mais comercializada na noite de Copacabana. O tráfico praticamente se resume a essa droga, cujo preço é bem mais elevado do que em outros bairros da cidade, diferença ainda mais notável se comparada com os preços da droga nas favelas. Sem dúvida, as formas de distribuição de outras drogas são controversas, mas

> no caso da cocaína, que é o que mais nos afeta no Brasil, a indústria é concentrada e não está baseada em pequenos estabelecimentos; o comércio, por sua vez, organizou-se em cartéis e máfias nos seus mais altos níveis, porém ficou ramificado e descentralizado em pontos intermediários e no varejo. Sua lucratividade, embora não exista consenso a respeito das taxas, favorece principalmente os grandes atacadistas e intermediários melhor colocados na rede hierárquica de conexões. Os lucros são gerados pelo aumento da produção ou pela maior exploração do trabalho, mas pela própria ilegalidade do empreendimento, o que faz a cocaína ser mais cara do que o ouro em alguns locais.[49]

A cocaína, por não possuir cheiro forte, ser extremamente valiosa e poder ser transportada em pequenos pacotes, tornou-se moeda corrente para a remuneração de certas funções — incluindo policiais corruptos — para os traficantes do atacado e atravessadores poderosos

---

[49] Zaluar, 1998.

com conexões nas redes de tráfico transnacional.[50] Com o extravasamento dessas transações, a cocaína se dispersou por vários setores da sociedade brasileira. Estudos revelam que, em diversas partes do mundo, algumas práticas antes limitadas e identificadas como subculturas, nos tempos atuais extrapolaram classes, etnias e grupo locais.[51]

Ao contrário do que muitos pensam, não há escassez do produto em Copacabana. Não é verdade que apenas os favelados encontram facilidade para comprar produtos ilegais — razão pela qual MV Bill afirma que eles (os favelados) não seriam favoráveis à legalização da maconha e da cocaína.[52] Um usuário declarou que em Copacabana é mais fácil achar cocaína do que álcool ou tabaco. Segundo o usuário:

> Aqui em Copa, cocaína é que nem, sei lá, areia de praia, em todo o lugar você encontra. É claro que o pessoal mistura muito, mas ainda assim dá pra encontrar uma "rapa" de qualidade.

Autores que estudam os efeitos do processo de globalização[53] observaram alterações nos padrões de consumo, incluindo o uso de drogas. Outros estudos[54] sugerem a existência de diversos níveis de distribuição de drogas ilegais, dependendo das variações da droga negociada, das diferentes formas de distribuição da mercadoria no atacado e no varejo, e do fato de o mercado ilegal de drogas estar aliado ou alinhado com ações de grupos terroristas, que de alguma maneira competem pelas mesmas faixas de mercado. Esses mesmos estudos não se furtaram a analisar as especificidades de traficantes e usuários, baseadas em pesquisa do tipo *survey* ou levantamento.

---

[50] Tullis, 1995; e Geffray, 1996.

[51] Zukin, 1995.

[52] Revista *Democracia Viva*, 2000.

[53] Sassen, 1991; Featherstone, 1997; e Zukin, 1995.

[54] Tullis, 1995; e UNDCP, 1997.

De Olhos Bem Abertos

Outras análises, empregando metodologias diversas, focalizaram as relações familiares, de emprego e vizinhança mantidas por usuários (abusivos) de drogas. Autores como Alba Zaluar, já em 1985, concluíram que condutas violentas ligadas ao tráfico de drogas não são impulsionadas pela pobreza e, sim, por exigências da própria estrutura do tráfico de drogas. A questão do uso de drogas também não estaria ligada à desagregação familiar ou ao fato de a mulher ser a chefe da família, mas a uma postura dos pais mais aberta ao diálogo.[55]

> Quando se fala em tóxico, remete-se ao registro da moralidade, porque: envolve as relações entre o agente — suas razões, motivações e intenções — e o mundo institucional e cultural que articula externa e coercitivamente — obrigações, expectativas e demandas morais aos membros da sociedade. A controvérsia da criminalização ou da descriminação dos tóxicos é exemplo muito adequado do dissenso moral na sociedade moderna.[56]

A história mostra que leis mais repressivas contra drogas tiveram resultados contraproducentes. Nos Estados Unidos até o século XIX não havia proibição. Mas, na virada para o século XX, ocorreu uma série de reformas que culminaram com a ilegalidade do álcool e, depois, das drogas. Na época, as autoridades norte-americanas temiam que a imigração chinesa facilitasse a distribuição de ópio, principalmente na Califórnia. Porém, na década de 1930, setores da sociedade e do governo perceberam que a proibição tinha produzido anos de extrema violência, como se pode ver em filmes como *Scarface* (1932) de Howard

---

[55] Carvalho et alii (1995), apud Zaluar (2000b). Ver crítica de Alba Zaluar a essas metodologias em Zaluar, 2000b:6: "Todos os estudos mencionados analisam o fato de que tais levantamentos padecem de dois problemas principais: por fazerem perguntas a respeito de comportamentos ilegais e moralmente censuráveis, nada garante que os respondentes sejam sinceros e digam o que realmente fazem; o universo de estudo sobre o qual montam as amostras deixa de fora justamente as populações mais afetadas pelo uso abusivo de drogas. Nas amostras por domicílio, ficam de fora a população de rua e a prisional; nas amostras por estabelecimentos escolares, deixam de ser inquiridos os *drop-outs* e os que mais faltam à escola, justamente os que mais provavelmente abusam de drogas ilegais".

[56] Paixão, 1993.

Hawks. Cinqüenta anos depois, a política de guerra às drogas posta em prática pelo então presidente Ronald Reagan teve efeitos contrários ao que se propunha.[57] Nos tempos atuais, os Estados Unidos costumam se jactar de suas "avançadas" leis referentes às drogas e cobrar de países produtores (Colômbia) e distribuidores (Brasil) ações mais duras contra o narcotráfico. A própria divisão entre países produtores e consumidores, tão sublinhada no discurso político e religioso que pretende inculpar os primeiros, já foi desmoralizada pela produção crescente de maconha com alto nível de THC em diversos estados, até mesmo norte-americanos. As técnicas para essa produção são divulgadas em revistas vendidas livremente nas bancas de jornais daquele país, o que revela a confusão interna estabelecida pela proibição. Por isso mesmo, os Estados Unidos já apresentam sinais de deterioração social e institucional. Segundo dados publicados na mídia à exaustão, a população carcerária norte-americana presa por crimes relacionados com as drogas está crescendo, atingindo preferencialmente os mais pobres e sobretudo os negros.

A atividade ilegal dá ensejo a tanto segredo e desconfiança que se torna difícil conhecê-la. E mais ainda obter informações definitivas e confiáveis. Quando o assunto esbarra em questões como: "de onde vem a droga?", "como ela chega até aqui?", as opiniões se dividem e não se consegue esclarecê-las. Para isso também contribui o jornalismo, com sua maneira de conhecer peculiar e de sondar o insondável. E os jornalistas, que invariavelmente alardeiam "ter estado lá" antes dos outros.

Contudo, há sempre o perigo de a ortodoxia sociológica enxergar demais e tanto reduzir a complexidade das interações quanto aumentar as generalizações, dessa forma:

> Como, no tráfico, as atividades ilegais têm o caráter de negócio contínuo, que flui por meio de relações interpessoais baseadas no segredo, na confiança sempre posta à prova, no conhecimento das pessoas e

---

[57] Paixão, 1993.

nos acordos tácitos estabelecidos entre elas, o conceito de rede se aplica ao fluxo hierárquico e às relações interpessoais que implicam relações não grupais e institucionais, corporativas e fechadas, e sim relações abertas no espaço e no tempo, vinculando inúmeras pessoas através de contatos de diversos tipos que vão se multiplicando pelos intermediários. A organização em rede prescinde da idéia de organização corporativa, burocratizada, podendo ser rapidamente desfeita e refeita em outras rotas, circuitos e fluxos ou com outros personagens. Ela se aplica especialmente aos níveis mais baixos do tráfico de drogas, que — à diferença dos negociantes atacadistas e grandes financistas do tráfico, tendentes à centralização e à hierarquia em cartéis e máfias — têm uma intricada malha descentralizada, de difícil controle pela estrutura de gerenciamento do negócio em grandes números e poderosas hierarquias.[58]

Os "vapores", agentes privilegiados nessas redes porque recebem a cocaína e a revendem, não demonstram boa vontade em falar sobre o funcionamento do tráfico no bairro. Sempre taciturnos, com discursos evasivos, carregados de tartamudeios e permeados de silêncios eloqüentes, os vendedores de drogas nunca prestam informações mais precisas sobre o desenvolvimento das redes. O certo é que, mesmo que essa atividade de "vapor" pareça algo individualista, há por vezes um conluio não apenas de usuários, mas também de pessoas que fortalecem as ações. Em outras palavras, em muitas situações de venda de drogas há o auxílio de outros indivíduos, como no caso de um vendedor que andava quase sempre com um rapaz, apresentando-o aos usuários como primo. Este não ficava ao lado dele como uma sombra; ao contrário, sua função era espreitar possíveis incursões da polícia ou qualquer movimentação inusitada. Mas nem todos os "vapores" utilizam essa estratégia. Isso porque, segundo eles, a pessoa acaba atrapalhando as negociações, tornando-se um estorvo.

Um dos "vapores" mais ativos da orla andou um tempo com uma menina a tiracolo que devia ter, no máximo, 18 anos; ela atuava como um tipo de ajudante, alertando para a aproximação da polícia, ou usan-

---

[58] UNDCP, 1997; e Zaluar, 1998.

do sua intuição para não sobrecarregar o vendedor. Ocorre que essa menina começou a consumir a cocaína do "vapor" de maneira desenfreada. Pouco tempo depois, eles não foram mais vistos juntos. Praticamente todos os que vendem cocaína ressaltam que não gostam de "viciados", que seriam chatos, incômodos e, principalmente, não teriam limites, dinheiro, nem tampouco seriam confiáveis, pois — segundo os próprios vendedores — não estariam dispostos a correr riscos.

De acordo com os "vapores", os usuários mais pesados são descartados na "pista". Quem se envolve nessa rede precisa ser controlado, ou, como eles mesmos falam: "ficar na moral". Um desses vendedores certa vez relatou que houve um tempo em que um usuário muito pesado — cheirava todo dia pouca quantidade, mas o suficiente para ficar excessivamente agitado — aparecia toda noite em determinado quiosque da orla. Não tinha dinheiro, nem contava com a confiança dos outros usuários. Esse tipo de consumidor é considerado um estaferimo tanto pelo vendedor quanto pelo usuário. Pelo o primeiro, por não se tratar de um cliente; pelo o segundo, por não fazer parte do círculo de amigos. A maneira de se livrar de indivíduos como esse é, segundo um usuário, simplesmente ignorá-lo.

De fato, não é comum a presença de usuários que perdem o controle sobre a droga na orla, ou nas boates e bares. O circuito mais adequado a esse tipo de consumidor são as adjacências das favelas, pois eventualmente pode fazer um "avião", ou seja, levar a droga a seu destinatário e, com isso, ser recompensado com um pouco de cocaína ou maconha. Todavia, a trajetória de um usuário que não mais consegue ficar sem usar drogas é a adesão a alguma modalidade de assalto. Essa passa a ser a forma mais imediata de arranjar um mínimo de dinheiro para pagar a droga que pegou na favela ou para obter uma arma. O itinerário já é conhecido: começa realizando pequenos furtos familiares até ir para a rua a fim de dar seguimento a tais empreendimentos. Como acontece em qualquer lugar, o usuário compulsivo mostra-se disposto a realizar furtos e roubos, reforçando a carreira criminosa, sobretudo quando não possui uma estrutura familiar que lhe possibilite uma parada em centros de recuperação de drogados ou o pagamento de um bom advogado para livrá-lo da prisão.

No grupo que acompanhei, os usuários fazem uso rotineiro de cocaína, porém sem que isso afete suas vidas diretamente; são indivíduos que têm família, esposa e trabalho e sentem nítido desconforto com o rótulo de "viciados" — na verdade, isso representa quase um xingamento. Um usuário de cocaína assim descreveu a imagem que a família tinha dele:

> Meus pais, acho que sabem que eu uso maconha, mas cocaína não. Minha mãe é médica e diz que a cocaína é devastadora, pior muito pior que a maconha. Ela fala que a cocaína é uma droga sedutora porque é diabólica. Mas ela nem é religiosa e acho que nunca cheirou cocaína, então como ela pode dizer que ela é diabólica? O resto da minha família, a "coroada" fala que quem cheira é tudo bandido.

Há cerca de 25 anos a cocaína era uma droga pouco usada porque era extremamente cara e também porque não existia consenso (entre seus eventuais consumidores) a respeito de seus efeitos,[59] mas nesta última década a cocaína se expandiu vertiginosamente nas favelas e mesmo no asfalto, onde o preço mais caro não impede que o tráfico seja considerável.[60]

Certos autores[61] sugerem que a cocaína, atualmente, está ligada a um projeto ou a um ideário de consumo e poder, e que a ilegalidade dessa atividade — mais do que a produtividade e a especulação — a tornam sobremaneira valorizada em determinados locais. Há também quem vincule a comercialização das drogas ao "dinheiro fácil". Contudo, isso não remete à outra ponta desse debate, que são os usuários de drogas. Durante toda a execução do trabalho de campo desta pesquisa foi possível detectar que aqueles que não estavam envolvidos com as

---

[59] Velho, 1998.

[60] Leeds, 1998.

[61] Por exemplo, Salama, 1993.

negociações com cocaína não faziam qualquer distinção entre vendedor e usuário. Para essas pessoas (desde porteiros de prédios até senhoras que fazem suas caminhadas pela orla), os que usam a droga podem também vendê-la. Em meu percurso etnográfico ficou muito claro que o indivíduo que usa cocaína não a repassa. Isso ocorre com a maconha, onde não é raro encontrar quem compre por exemplo 100 gramas e venda 40 ou 50. A cocaína comprada na noite é consumida na mesma noite. No grupo que acompanhei dificilmente se deixava a cocaína para o dia seguinte ou se pensava em revendê-la a terceiros. Nas palavras de um usuário:

> Se eu tô com um ou com 10 papelotes, eu quero mais é cheirar. Só não vou cheirar se eu ficar muito ruim. Agora aqui não tem essa de comprar e segurar ou revender. O que acontece é de um cara ser mais econômico, ele vai e faz aquela trilha magrinha para os caras. Mas enquanto dá vontade, filho, eu cheiro mesmo.

Mesmo aqueles que compravam na favela, não guardavam cocaína para revendê-la, mas diziam que indivíduos moradores de morros estavam acostumados a fazer isso. Um usuário declarou:

> No tempo que eu ia na favela eu via morador cheirando, já peguei até fila com gente de lá de dentro mesmo. Aqui em Copa, rico, fudido, preto, branco, quem tá a fim de cheirar dá um jeito.

Contudo, os usuários mais pobres ficam fragilizados no que diz respeito à justiça. Ainda hoje se vive em uma "tradição inquisitorial",[62] onde a força policial possui um poder discriminatório em relação ao indivíduo que for detido com substâncias ilícitas. Como afirma Zaluar:

> São os policiais que dão o passo inicial para decidir quem irá ou não ser processado por mero uso ou tráfico, porque são eles que apresentam as provas, obtidas necessariamente no flagrante, e podem ou não iniciar o inquérito. No primeiro caso a pena é de seis meses a dois anos de pri-

---

[62] Lima, 1989.

vação de liberdade, podendo esta ser substituída pelo trabalho comunitário. No segundo, o crime é considerado hediondo e a penalidade é de três a 15 anos de prisão.[63]

Sabe-se que a quantidade da droga dá margem a várias interpretações por parte dos policiais. Um usuário, morador da Zona Sul e freqüentador da noite de Copacabana, contou que:

> Eu tava fumando bagulho com um amigo meu, perto de um campo de futebol, de repente apareceram dois policiais e já foram gritando com a gente. Porra, era um bagulho inofensivo, a gente tava ali fumando, não tava fazendo mal pra ninguém.

De qualquer maneira, quando o usuário é preso, tanto no inquérito, quanto — principalmente — no processo, este é o momento em que o perfil moral de sua pessoa é traçado, porque:

> Como o tema das drogas tem forte carga moral e emocional, essa construção, comandada pelo advogado com o auxílio de testemunhas que atestam a idoneidade moral do acusado, é feita em discursos que muitas vezes "diabolizam" a droga para absolver o acusado de usá-la ou traficá-la, com a afirmação de que é pessoa moralmente confiável e que, portanto, não pode ter envolvimento com tal substância nefasta.[64]

Nesse artigo de Zaluar, fica claro que muitas decisões judiciais são tendenciosas, visando a parcela de indivíduos não-brancos e de poucos recursos financeiros. Mesmo usuários menos instruídos formalmente, mas já escolados na *arte da sobrevivência* sabem que as chamadas provas materiais são de suma importância para a efetivação de uma prisão e um conseqüente processo. Por isso, muitos não gostam de se arriscar a fazer grandes caminhadas portando drogas. Os "vapores", então, são mais ressabiados ainda, procurando estar sempre atentos.

---

[63] Zaluar, 2000a:65.

[64] Ibid., p. 70.

A dissertação de mestrado de Jorge Luiz de Carvalho Nascimento mostra com rara acuidade de pesquisa como os arts. 12 e 16 da Lei de Entorpecentes criam cenários distintos em relação à tramitação dos processos. Nas palavras do autor:

> Nesses cenários, os personagens são fortemente estereotipados. O usuário é a vítima e o traficante é o algoz. Embora ambos sejam formalmente classificados como infratores da lei, embora ambos sejam definidos como pessoas que atentam contra a ordem e a sanidade social, em termos práticos, não se acredita que o usuário mereça uma censura mais severa que a censura aplicável àquele que por descuido ou irreflexão age contra a sua própria integridade: física, moral, econômica, social etc. De algum modo, todos os males que afetam a sociedade em que vivemos acabam se associando ou se originando de sua influência e atuação nocivas.[65]

Essa afirmação reitera dados empíricos que indicam uma certa tolerância, ainda que ressentida, para com os usuários de drogas ilegais e evidencia a inadequação da Lei de Entorpecentes no Brasil. O caráter repressivo dessa lei — como nos mostra o trabalho de Nascimento — estimula estereótipos, amplia preconceitos e anula a possibilidade de se chegar aos que obtêm os maiores lucros, tratando sempre essa questão como um problema de cunho moral. Afinal, segundo essa visão, prender o "vapor" da esquina é combater o narcotráfico. É evidente que há autoridades judiciárias (juízes, promotores, delegados) sérias, que não compactuam com um pensamento que "conserva", em relação às drogas ilegais, atitudes extemporâneas, estimuladas por uma legislação inoportuna.

No grupo que acompanhei, vários indivíduos tiveram problemas com a polícia, mas poucos com a Justiça. Ceder à extorsão sempre foi uma forma eficiente de se livrar da prisão. Os próprios usuários, mesmo os mais esclarecidos — alguns formados em direito e com pós-graduação —, consideram melhor "deixar uma grana para não se aborre-

---

[65] Nascimento, 2000:142-3.

cer". Desse modo, usuários de maior poder aquisitivo conseguem livrar-se de eventuais flagrantes. É bom frisar que esta é uma prática recorrente entre aqueles que têm dinheiro. Já os mais pobres — e jovens — tornam-se reféns de policiais e até de traficantes, isto porque:

> no esquema de extorsão praticado por policiais e nas dívidas contraídas com traficantes, os jovens que começam como usuários de drogas são levados a roubar, a assaltar e algumas vezes até a matar para pagar aos que os ameaçam de morte, caso não consigam saldar a dívida, e que os instigam a se comportar como eles, portando armas de fogo e praticando assaltos. Muitos deles acabam se tornando membros de quadrilhas — seja para pagarem dívidas, seja para se sentirem mais fortes diante dos inimigos criados, seja ainda por "fascínio", "euforia", e "ilusão", como eles próprios denominam a atração que as quadrilhas exercem sobre eles — afundando-se cada vez mais nesse círculo diabólico.[66]

As entrevistas realizadas por Jorge Luiz de Carvalho Nascimento revelaram que os policiais não estavam muito empenhados em autuar usuários de baixa renda, primeiro porque não representavam uma investigação promissora, que apontasse a possibilidade de obter prestígio, e depois porque significava um custo muito alto em termos de mobilização de pessoal.

Com isso, criou-se uma situação que indica uma perda do monopólio da violência legítima por parte do Estado no Brasil. Os lucros extremamente elevados tornam fácil corromper a força policial e atrair contingentes de rapazes pobres, cada vez mais jovens, que reproduzem práticas violentas baseadas em códigos que desconhecem condutas éticas e estão fundadas no princípio da violência, que atinge o ápice nas incursões sangrentas a "territórios" inimigos. Os usuários da "pista" sempre se referiam aos traficantes das favelas como os "donos do morro". Dessa maneira, o tráfico no asfalto aumenta consideravelmente. Apesar de o preço da droga ser assaz caro, em compensação, a possibilidade de sofrer alguma violência é menor do que na favela. Atra-

---

[66] Zaluar, 1998.

vés das redes de lealdade, os usuários de drogas podem estabelecer relações que cultivem "amistosidades", mas sempre tendo a confiança como vetor principal e sabendo que a qualquer deslize tem-se um preço a pagar.

É possível afirmar que a estruturação do tráfico varia sensivelmente de bairro para bairro. Talvez a principal diferença seja justamente o tráfico armado. Nas favelas, a venda de drogas é controlada com o uso constante de armamento, que cria monopólios de territórios, propicia embates entre quadrilhas e amedronta eventuais testemunhas — muitas vezes estendendo-se até o asfalto.

Em Copacabana, a comercialização de cocaína ocorre sem se verificar esse tipo de controle militar existente nas favelas. Não há a tal "autorização do dono do morro", o que reforça a afirmação a respeito da fluidez das redes montadas no asfalto. Mas a probabilidade de se morrer jovem num bairro como Madureira é muito maior do que nas favelas de Copacabana. A incidência de homicídios em Madureira é de cinco a seis vezes maior que a verificada nesse bairro da Zona Sul carioca e vários estudos indicam uma relação entre o tráfico de drogas e o aumento do número de homicídios, em função sobretudo de contendas comerciais e pessoais.

Diversos autores salientaram nesta última década os efeitos e os defeitos da globalização. Em uma sociedade em permanente inovação, há os que criticam a tese de que a globalização seja apenas mais um arranjo do capitalismo.[67] Se é ou não, isso é menos relevante do que o que se deve fazer em termos de política pública. Segundo Zaluar (1998):

> as políticas públicas deveriam se ocupar mais em prevenir a exclusão do que em reinserir os excluídos, mais em criar uma sociabilidade positiva do que em remediar a negativa.

Mas, para tanto:

---

[67] Ver Giddens, 1998.

DE OLHOS BEM ABERTOS

É imprescindível a recuperação das redes de sociabilidade vicinal e o fortalecimento das organizações vicinais, com a participação efetiva dos moradores no espaço público construído pela crítica social que desenvolveram no passado, assim como no processo recente de decisão sobre a urbanização de favelas, sobre distribuição dos serviços e recursos do Estado, revitalizando sua tradição baseada no associativismo e crítica cultural, bem como na festa.

Creio que qualquer teoria que pretenda dar conta da criminalização do uso de drogas no Brasil e do crime organizado em escala internacional terá que operar com novos arranjos, que discutam características específicas. Isso porque:

> ...a questão não se reduz à objetividade do crime organizado internacionalmente e de suas explicações. O crescimento da violência no país remete ao plano subjetivo, da interpretação, também. Considero fundamental incorporar o plano cultural na análise, pensar as questões mais difíceis de serem apresentadas no debate público tão viciado nas visões do determinismo sociológico. Mas só posso fazê-lo a partir da experiência local, particular, de uma etnografia feita no Rio de Janeiro em circunstâncias muito especiais que já discuti em outros textos.[68]

---

[68] Zaluar, 1997.

CAPÍTULO 4

A confiança por um fio

A obtenção e o consumo de drogas no bairro de Copacabana, dentro do grupo por mim pesquisado, têm na confiança o eixo fundamental para se compreender as relações estabelecidas entre os usuários. É a confiança que produz as amizades, estimula as negociações e organiza o mundo mental desses indivíduos. Para além do cálculo econômico, existem as formas de garantir a segurança íntima, apoiada na amizade, e uma certa previsibilidade nas negociações ou interações, sem o que elas se tornariam insuportavelmente incertas.

Muitos autores que examinam a amizade como um problema sociológico acabam esbarrando em uma discussão filosófica que possui múltiplos aspectos sobre os quais não pretendo me deter aqui. Vou me concentrar em três desses aspectos: igualdade, intimidade e, sobretudo, companheirismo.

Para abrir essa discussão, valho-me de um texto sobre a amizade de um filósofo — José Arthur Giannotti — que trata de três conceitos, cruzando-os naquilo que hoje se chama de amizade, e tentando com isso "desenhar certo horizonte de nossas relações sociais, pois esses conceitos, além de descritivos, apontam paradigmas com os quais lidamos ao agir".[69]

Giannotti diferencia o modelo da intimidade — "quando as relações intersubjetivas são baseadas na apreensão do outro como sujeito

---

[69] Giannotti, 1993:6 e 8.

enquanto fissura do mundo" — do companheirismo — quando a atividade é a realização de uma empreitada —, e diz que no centro está o que denomina a "zona *gris*" da amizade, que compreende um complexo de relações nas quais há como que um tecido que cobre o cuidado e a lealdade.

Valendo-nos desses conceitos, que o próprio autor afirma serem descritivos, é possível compreender as relações forjadas entre os usuários de drogas de Copacabana, pois a maneira mais freqüente de os usuários obterem drogas na noite do bairro é na companhia de amigos, e melhor ainda se esse amigo tem familiaridade com os "vapores" da área. O amigo não precisa ser íntimo, tampouco participar do cotidiano, mas um ponto é fundamental: a confiança.

Seguindo a descrição proposta por Giannotti, o companheirismo é um dos tipos mais observados de amizade no grupo de usuários. Diz respeito ao amigo que requisita a companhia de outro amigo para realizar uma negociação. Um bom exemplo é o do usuário que possui mais dinheiro e não deseja correr nenhum risco, sequer estar presente no ato da negociação. Esse usuário, por vezes, dá até R$100,00 a um indivíduo de confiança, porém sem recursos financeiros, para que este se dirija às ruas do bairro e resolva o problema, ou seja, arrume a quantidade adequada de cocaína equivalente ao montante de dinheiro. Nesse caso, com R$100,00 é possível obter de cinco a sete papelotes de cocaína. Assim, esse indivíduo torna-se responsável pelo cumprimento de uma tarefa.

Existe interesse de ambas as partes. Quem dá o dinheiro quer cheirar e quem vai comprar a cocaína também quer cheirar. O primeiro tem o dinheiro necessário e não quer correr o risco de ser pego em flagrante; o segundo assume a responsabilidade de ir a um quiosque, ou a algum outro circuito onde seja possível encontrar um "vapor", e fazer a negociação. A amizade baseada no companheirismo para o cumprimento de uma tarefa foi observada amiúde no trabalho de campo. O usuário que dá o dinheiro acredita na lealdade do companheiro, jamais afirma que foi traído ou que existe a possibilidade de algo assim acontecer. Também não possui culpa em relação ao possível constrangimento de estar *usando* o amigo. Trata-se de um interesse mútuo, diz. Por sua vez, o usuário que enfrenta o desafio de buscar a droga tampouco se sente usado. Para ele é uma questão de "camaradagem". Quem fornece o dinheiro utiliza o que Goffman (1985) chamou de "práticas defensivas", uma das estratégias que o indivíduo emprega para resguardar suas próprias projeções. Em contrapartida, o indivíduo que realiza a empreitada utiliza, nos termos propostos por Goffman, uma "prática protetora", isto é, a emprega com o intuito de introduzir a segurança na definição da situação reproduzida pelo outro.

Vale dizer que não é apenas o dinheiro que determina quem vai buscar a droga, pois também foi possível detectar semelhanças de classe social. O grupo estudado compõe-se, em sua maioria, de moradores de Copacabana, de classe média, brancos e com idade entre 20 e 35 anos, sem distinções sociais marcantes. Sucede que um usuário está eventualmente desempregado, mas mora com os pais, não tem despesas em casa, porém não dispõe de meios próprios para obter a droga. Em nenhum momento do trabalho de campo fez-se menção à situação de classe ou a outro sinal diacrítico como um fator que provocasse interferência na relação.

Uma expressão muito utilizada pelos consumidores que fornecem o dinheiro é "fulano é muito prestativo" — está sempre disposto, pronto e é dedicado. Um usuário declarou que, quando vai à noite a Copacabana, começa a beber por volta das 21 horas e a vontade de cheirar ocorre em torno da meia-noite. Nesse tempo ele procura em dois ou três bares do bairro o amigo que irá possibilitar a aquisição da cocaína. Trata-se de um amigo "prestativo": sua presença à noite no bairro é certa, conhece muitos "vapores", possui boas relações com policiais, seguranças, prostitutas, travestis e sempre está disposto a cheirar cocaína. Em estado de penúria, utiliza drogas sempre com o dinheiro alheio, correndo o risco de ser preso em flagrante.

O indivíduo que se serve dos préstimos desse amigo, não o posiciona entre os amigos mais íntimos, mas não descarta o termo amigo para classificá-lo; contudo, faz uso do verbo "ter". Nesse sentido, vale lembrar o texto de Claudia Resende — "Amizade, igualdade e diferença: uma comparação entre discursos no Rio de Janeiro e em Londres" —, no qual a autora revela a polissemia que o termo amizade representa e como as afirmações de amizade surgem em contextos diferentes, associados a modos de pensar que por sua vez estão ligados a visões de mundo particulares. No caso específico, esse "ter" denota certas dimensões de como dispor da amizade, desfrutar o companheirismo, mas não cria estabilidade, na medida em que a relação está circunscrita a uma situação de obtenção e uso de drogas e, apesar de sua regularidade, não resta nenhuma outra atividade capaz de criar laços no cotidiano, ou um estímulo para cumprir outros rituais. Essa relação assinala um encontro anunciado, uma aventura no sentido de experimentar acontecimentos imprevistos, fora do cotidiano, tendo como objetivo fundamental a obtenção e utilização de drogas com as quais se pretende ultrapassar fronteiras de vários mundos. É, porém, uma atividade restrita a um espaço (o bairro de Copacabana) e um tempo (a noite), associada à duração da consecução de uma tarefa (obter e usar drogas).

Outro exemplo de repetição das práticas de companheirismo, com pequenas variações, ocorre quando os usuários se servem dos préstimos de prostitutas. Um caso exemplar é o do usuário morador de Copacabana, com muitos amigos no bairro, mas que não dispensa o auxílio de uma prostituta que faz ponto na orla e muitas vezes desempenha o papel de intermediária entre o cliente e o "vapor". É preciso "ter" amizade para estruturar esse tipo de relação. O usuário em questão afirmou conhecer a prostituta há cerca de cinco anos e nunca ter tido relações sexuais com ela. Aliás, nas palavras dele, nunca se sentiu atraído, mas, ressalta, "tem uma amizade legal com z". Ele deixa o dinheiro com a prostituta — às vezes até R$50,00 — e ela procura o "vapor". Uma das variações a que me referi acima é na facilidade com que a prostituta consegue a cocaína. Certamente, tratando-se de uma profissional da noite, conhece as pessoas que transitam nas madrugadas do bairro, tendo um contato maior com a clandestinidade. A prostituta, apesar de usar drogas, não cheira com o usuário, mas sempre recebe uma "grana" para comprar um lanche ou, eventualmente, um papelote.

Nesse caso, a amizade, que carece da dimensão da igualdade, mais presente na transação entre homens, está dirigida inteiramente para a realização de uma negociação em que a satisfação é garantida para ambas as partes, ou seja, é uma amizade menos "desinteressada". Contudo, vale registrar que, nos dois lados, existe um sentimento de reconhecimento. A prostituta alerta o tempo todo o usuário sobre os riscos conjunturais de cada evento — por exemplo, se o patrulhamento policial está mais ostensivo — ou mesmo o informa acerca da ausência de vendedores na área; ou seja, ela é solidária na atividade que os une. Por sua vez, o usuário só aceita os préstimos da prostituta depois de se certificar dos riscos de cada situação, avaliando-a, a fim de sofrer o mínimo de danos possíveis.

Um autor como Simmel vale como referencial auspicioso para dar conta das interações forjadas nas relações entre usuários de drogas. Simmel é um sociólogo engajado numa corrente chamada de formalista, comum no século XIX, que sustentava a inexistência da sociedade como entidade real. O nome "formalista" deve-se ao destaque dado ao exame das *formas de convivência*. Para Simmel, a sociedade é a função expressa nas relações entre indivíduos e nas interações (*wechelwirkung*) das mentes individuais. Sendo assim, a sociedade seria um processo contínuo de muitas interações simultâneas e não teria existência real enquanto entidade única, indivisível. Nas palavras de Simmel:

> Por sociedade não entendo apenas o conjunto complexo dos indivíduos e dos grupos unidos numa mesma comunidade política. Vejo uma sociedade em toda a parte onde os homens se encontram em reciprocidade de ação e constituem uma unidade permanente ou passageira.[70]

---

[70] Simmel, 1983:48.

Permanente ou passageira, pouco importa a duração, a sociedade consiste, justamente, nos modos de agir, nos movimentos e reações entre indivíduos e grupos. Contudo, "a sociedade se coloca para os indivíduos em particular como algo que os domina, que não depende das mesmas condições da vida individual".[71] Mas, como Simmel explica o fato de só existirem seres individuais e, ao mesmo tempo, haver a independência das formas sociais e coletivas? Essa antinomia Simmel resolve afirmando que "não existe outra coisa senão os indivíduos".[72] Existe sociedade onde quer que indivíduos entrem em interação:

> Pois bem, o que faz com que a sociedade, em qualquer dos sentidos válidos da palavra, seja sociedade são evidentemente as diversas maneiras de interação a que nos referimos. Um aglomerado de homens não constitui uma sociedade só porque existe em cada um deles separado um conteúdo vital objetivamente determinado ou que o mova subjetivamente. Somente quando a vida desses conteúdos adquire a forma da influência recíproca, só quando se produz a ação de uns sobre os outros — imediatamente ou por intermédio de um terceiro — é que nova coexistência social, ou também a sucessão no tempo, dos homens se converte numa sociedade.[73]

Em Simmel, a chave que abre sua proposta sociológica é mesmo a *interação*. Pois:

> a importância dessas interações está no fato de obrigar os indivíduos, que possuem aqueles instintos, interesses etc., a formarem uma unidade — precisamente, uma "sociedade". Tudo o que está presente nos indivíduos (que são os dados concretos e imediatos de qualquer realidade histórica) sob a forma de impulso, interesse, propósito, inclinação, estado psíquico, movimento — tudo que está presente neles de maneira a engendrar ou *mediar* influências sobre outros, ou que receba tais influências, designo como conteúdo, como matéria, por assim dizer, da sociação.[74]

---

[71] Simmel, 1983: 49.

[72] Id. ibid.

[73] Ibid., p. 61.

[74] Ibid., p. 166, grifo meu.

É preciso deixar claro que tais matérias e também as motivações que as estimulam não são sociais. Ou seja, trabalho, religião, tecnologia, amor não são sociais, porque "são fatores de sociação apenas quando transformam o mero agregado de indivíduos isolados em formas específicas do ser com e para o outro — formas que são agrupadas sob o conceito geral de interação".[75]

Desse modo, "*sociedade* propriamente dita é o estar com um outro, contra um outro que, através do veículo dos impulsos ou dos propósitos, forma e desenvolve os conteúdos e os interesses materiais ou individuais. As formas nas quais resulta esse processo ganham vida própria. São liberadas de todos os laços com os conteúdos; existem por si mesmas e pelo fascínio que difundem pela própria liberação desses laços. É isso precisamente o fenômeno a que chamamos de sociabilidade".[76]

Nesse ponto, Simmel entende sociabilidade como forma lúdica de sociação. Em um momento, "o homem perde aqui todas as qualificações objetivas de sua personalidade, penetra na forma de sociabilidade equipado apenas com as qualificações, atrações e interesses com que o muniu a sua pura humanidade". Em outro momento, "a sociabilidade também o afasta das esferas puramente interiores, inteiramente objetivas, de sua personalidade. A discrição, que é a condição primeira da sociabilidade, no que diz respeito ao comportamento de uma pessoa em relação a outras, é igualmente muito exigida com respeito à relação consigo mesmo".[77] Mas, e o indivíduo? Simmel trata:

> (...) o princípio de sociabilidade como o axioma de que cada indivíduo deveria *oferecer* o máximo de valores sociais (de alegria, de realce, de vivacidade etc.), compatível com o máximo de valores que o próprio indivíduo recebe.[78]

---

[75] Simmel, 1983: 166.

[76] Ibid., p. 168.

[77] Ibid., p. 171.

[78] Ibid., p. 172.

Observe-se que Simmel utiliza a palavra "jogo" para dar conta dessas interações que produzem sociabilidades. É o mundo artificial da sociabilidade, onde amizade e inimizade, cooperação e competição, a revanche, os desencontros, tudo está imbuído de conteúdos intencionais, dispostos num tabuleiro no qual os elementos são arrebatados unicamente por sua própria atração. Assim:

> A sociabilidade é o jogo no qual se "faz de conta" que são todos iguais e, ao mesmo tempo, se faz de conta que cada um é reverenciado em particular; e "fazer de conta" não é mentira mais do que o jogo ou a arte são mentiras devido ao seu desvio da realidade. O jogo só se transforma em mentira quando a ação e a conversa sociável se tornam meros instrumentos das intenções e dos eventos da realidade prática — assim como uma pintura se transforma numa mentira quando tenta, num efeito panorâmico, simular a realidade.[79]

Simmel — tal como Elias — procura analisar essas interações em forma de jogo no nível micro; um exemplo disso é o da coqueteria, uma forma lúdica na sociologia do sexo. A contenda erótica entre os sexos é de promessa e negação, mas sem jamais deixar o "jogo". Contudo, esse jogo é jogado tanto pela mulher quanto pelo homem. A mulher insinua, disfarça e rejeita, mas nunca privando o homem de uma esperança. Exibe-se jocosamente, usando máscaras em um teatro que exige a participação do homem. Pois "enquanto este (o homem) rejeita suas atrações ou, inversamente, é mera vítima que, sem vontade própria, é arrastado pelas vacilações entre um meio 'sim' e um meio 'não', a coqueteria ainda não assumiu para ele a forma compatível com a sociabilidade, pois falta a livre interação e a equivalência de elementos, que são os traços fundamentais da sociabilidade".[80] Trata-se de uma interdependência, na qual, sob o "signo sociológico" da sociabilidade, a coqueteria joga com as formas do erotismo, tornando-o um elemen-

---

[79] Simmel, 1983: 173.

[80] Ibid., p. 175.

to da sociabilidade. Como na conversa, não há outro objetivo se não o próprio jogo, ou seja, a própria interação.

A ligação entre Elias e Simmel é bastante evidente quando o primeiro diz que a sociabilidade talvez tenha conseguido sua expressão suprema no *Ancien Régime*. Naquele tempo, a sociabilidade era marcada pela autonomia de suas regras, percebendo-se cada instrumento de etiqueta, cerimônia, boas maneiras como uma luta por prestígio. Atividades muito pequenas demonstram o elo da formação histórica, e as interações menores de pessoa a pessoa, por sua vez, fundam a conexão da unidade social. A liberdade de estabelecer relações e "fazer sociabilidades" está desobrigada de quaisquer determinantes concretos de conteúdo. Contudo, o desaparecimento na sociedade cortesã do *Ancien Régime* de qualquer conteúdo concreto da vida, devido à rigidez do código fechado de regras da etiqueta, resultou na desaparição de formas livremente espontâneas, características dos jogos que Simmel denomina sociabilidade.

Além disso, Elias mostrou em toda a sua obra o elo existente entre mudanças na estrutura social e alterações de conduta, visíveis nas conversões da honra, no recato, na repulsa, no autocontrole. Um exemplo claro é o manual de boas maneiras. Por meio dessa fonte de dados históricos, Elias demonstra uma interrupção, uma descontinuidade e processos similares de sociogênese do romantismo burguês e aristocrático.

Com Elias, definitivamente, os modelos explicativos que afastam de maneira rigorosa os níveis micro e macro, o objetivo e o subjetivo, vão por água abaixo. Ele privilegia os impactos dos sistemas simbólicos, que atam (e desatam) o mundo social e cuja durabilidade independe dos indivíduos socializados nesse universo de significados. É notável o esforço de Elias para conciliar as exigências da macrossociologia e o zelo etnográfico na reconstrução e apreensão do vivido. Para tanto, empenha-se em formular idéias, noções, conceitos que objetivem compreender o curso dos constrangimentos estruturais e as práticas constituintes dos agentes.

Quando Elias fala em *interdependência*, trata-se justamente de uma dependência mútua, na qual os integrantes dos diversos agrupamentos sociais afiançam a circulação de constrangimentos, dando a oportunidade de o homem mais modesto enxergar as bases sociais dos privilégios dos poderosos. Pois o tema que apaixona e atormenta os sociólogos é justamente essa relação insolúvel entre a individualidade subjetiva e a sociedade como instância reguladora, designando um nível de realidade que se sobrepõe aos indivíduos. É oportuno ressaltar a importância dada por Elias ao indivíduo. O indivíduo como tal possui uma posição diferenciada nessa rede de interdependências que ele denomina "formação social" e, ao se relacionar com os símbolos do mundo social, acaba soldando sua função no interior de uma sociedade. É a variação desse tipo de função que contribui para definir os diversos tipos de sociedade. Com isso, Elias rejeita a explicação das transformações sociais através de uma causalidade externa às estruturas funcionais que entram em conflito, impelindo o tecido social para outras configurações.

A propósito, *configuração* é uma formação social de tamanho variável. Tanto pode ser uma cidade, uma nação ou um grupo pequeno de aposentados jogando cartas nas mesas de uma praça. Mais uma vez, a interdependência surge dando sentido ao jogo e cada ação individual tem uma implicação em relação à outra. Para Elias, a "liberdade" de cada indivíduo está inscrita na rede de interdependências que une os homens, limitando o seu campo de decisões. Essa proposição nega uma visão atomista da sociedade e ainda rejeita uma visão idealista de indivíduo. O exemplo do jogo de cartas é útil na medida em que fornece a pista necessária para entender que o jogo e seus jogadores não são abstrações. A configuração engloba a incessante mutação que envolve os jogadores, incluindo o intelecto, as ações e as relações recíprocas. E no centro dessas configurações está um equilíbrio volúvel e oscilante de tensões, e no centro desse equilíbrio encontram-se as características de toda a configuração. É esse cabedal que possibilita a Elias escapar das determinações e sugerir que existe um nexo entre as mudanças da estrutura social e as modificações comportamentais.

De Olhos Bem Abertos

Em um texto sobre Elias, Sérgio Micelli começa citando um filme de Robert Altman, *Prêt-à-porter*, para dar conta da questão da determinação e de que modo Elias prepara e executa a ligação entre as diversas esferas do social. O filme de Altman citado por Micelli de fato colabora para introduzir essa questão, pois:

> Além de exercerem funções profissionais especializadas, tais personagens constroem e destroem parcerias amorosas, redes de amizades, metem-se em rixas e rivalidades, partilham atividades de lazer, misturando todas as esferas de sua existência. Sentem-se integrados, a títulos diversos, numa experiência comum de vida, amor e trabalho, manejando um cabedal próprio de saberes, linguagens, gírias, informações, conhecimentos, tradições, ou seja, um estoque partilhado de referências e valores, um estilo de ser, sentir, pensar e agir.[81]

Isso significa dizer que não há "congelamento" dos relacionamentos, não existindo sobreposição *a priori* de um sobre o outro. É na dinâmica das inter-relações e *interdepedências* que se estabelecem os alicerces simbólicos nos quais os indivíduos fazem a representação de si e do mundo externo. Com isso, Elias escapa das explicações deterministas e evita a causalidade unidirecional.

Claire Bidart (1997) salienta que o interesse sociológico na amizade dá-se pela redução das inclinações particulares dos indivíduos, pois não há a intenção de intervir nos comportamentos, sendo o objetivo apenas o conhecimento. Por isso, o lado social da amizade repousa em como ela responde a certas regularidades. De fato, trata-se de um embate entre autonomia individual e constrangimento social, ou entre a subjetividade individual e objetividade do social.

Quando pedia aos indivíduos usuários de drogas ilegais que falassem sobre a amizade e a confiança depositada em outros indivíduos também usuários, havia uma distinção muito nítida entre *o amigo* e o colega ou o conhecido. Um usuário declarou:

---

[81] Apud Neiburg & Waizbort, 1999:116.

Amigo, amigo mesmo, é uma coisa difícil, colega você tem vários, agora o cara que você pode contar nas horas da "rabuda" que é difícil. Você conta nos dedos de uma mão. Tem muito cara que se faz passar por teu amigo, mas na hora do vamos ver, ele rói a corda. Eu conheço um monte de gente aqui em Copa, mas só tenho uns quatro ou cinco amigos que eu sei que é "sangue".

"Sangue" é uma variação da expressão "sangue bom", muito usada nas favelas e que foi incorporada à "pista". Significa, de forma resumida, que a pessoa é confiável. Desse modo, a construção da confiança é um processo que está sempre se revigorando; em alguns momentos, tende a se distensionar e, em outros, a se aprofundar, graças a eventos que tornam o sentido da amizade mais consistente. Episódios envolvendo riscos são uma senha para o estabelecimento da confiança e a criação de uma amizade. Além disso, a amizade remete à existência e à circulação de idéias, de modelos sociais.[82] Uma vez firmada a amizade, os indivíduos sempre fazem referência a imagens e regras de conduta. E, mais uma vez, sempre se ressalta uma situação de risco que deu origem à confiabilidade. Um usuário:

Eu nem conhecia o P. direito, a gente costumava se encontrar no prédio de um amigo nosso em comum. Uma vez, nós dois descemos pra pegar mais "rapa" no quiosque. Em cinco minutos a gente pegou três papelotes. Quando a gente ia atravessar a Atlântica, um camburão da polícia militar vinha a uns 200 metros. A gente pegou e foi andando em direção à areia, qualquer coisa a gente espalhava aquela porra ali mesmo. O cambota parou do outro lado da "pista", eu pensei, caralho esses caras vão pra cima da gente. Foi uma tensão do caralho, mas eu senti que P. segurou a onda, a gente já tinha cheirado quatro papelotes e conseguimos passar por essa. A partir dali a gente começou a se entrosar e nasceu uma amizade. Eu sei que ele é um cara de confiança.

Esta fala é importante porque se soma a outras similares e reforça que a confiança é estabelecida quando passa por testes de situações

---

[82] Bidart, 1997.

graves. Quase sempre os usuários salientaram a importância dos "momentos difíceis" para se perceber se a pessoa é alguém merecedor de confiança. E, de fato, situações que envolvem riscos é o que não falta na vida de indivíduos que consomem drogas na noite de Copacabana, como já vimos. Simmel (1983) já salientava que a confiança estabelece uma redução da incerteza e não se limita a essa experiência, permitindo sua ultrapassagem.

Então, a proximidade interindividual, articulada a atividades partilhadas com um grau considerável de vulnerabilidade, é um dos eixos estruturantes da amizade dentro do grupo estudado. Mas existe outro registro, não menos importante, que contribui para que se compreenda o sentido da confiança nesses indivíduos. Trata-se do segredo.

Segredos e mentiras

Segredo remete à idéia de confidência, que, por sua vez, evoca um sentido de segurança que tolera deslizes de caráter, respeita idiossincrasias e aceita diferenças. Quando a confiança já está consolidada e a redução da incerteza se impôs, é possível surgir então a dimensão da segurança e o sentimento de pertencimento. É quando as trocas afetivas são mais facilmente realizadas e ocorre a abertura para o outro. Segredo revela também insistência no caráter privado da relação.[83]

Como afirma Simmel (1964), todo comércio entre os homens é feito sob a égide do esforço consentido e do acerto de contas entre devedores e credores recíprocos, mediante a apuração das diferenças. Em outras palavras, significa que todo comércio relacional entre os homens está pautado no fato de que um indivíduo sabe um pouco mais sobre o outro do que este outro gostaria de revelar. Isso ocorre nas trocas econômicas realizadas segundo as regras do direito, em todas as compensações e em todos os deveres regidos pelas leis jurídicas. Desse modo,

---

[83] Bidart, 1997.

Simmel ressalta que a constituição jurídica impõe um movimento pendular entre trabalho e remuneração, e zela pela reciprocidade, permitindo o equilíbrio entre as partes. Mas o próprio Simmel diz existir um sem-número de relações, nas quais a forma jurídica não interfere e a compensação pelo esforço consentido não é obtida pela coação.

Este é um ponto importante porque diz respeito ao que acontece com a confiança fora de uma transação comercial. O indivíduo que tem mais confiança no outro é capaz de lhe contar algo sobre o qual pede segredo. Um exemplo disso é um usuário que sempre contava as dificuldades que passava em casa ou ainda suas relações com as mulheres. Há, portanto, esferas da vida em que a confiança extravasa. Em alguns casos, evolui para outras esferas da vida. Em Copacabana, contudo, quase sempre fica restrita aos encontros nos circuitos de lazer.

Autores como Graham Allan (1989) chamam a atenção para o fato de que muitas amizades são estruturadas a partir de posições sociais semelhantes, com opção religiosa e origem étnica similares, havendo desse modo uma proporção nas equivalências das trocas. Allan Silver (1989), por sua vez, salienta que, em épocas passadas (como no Renascimento), as amizades eram forjadas tendo como substrato justamente a desigualdade e que, com o advento da modernidade, criou-se uma instrumentalidade para a amizade que passou a ser um fim em si mesma. Por isso, valho-me da afinidade, e não da igualdade, para dar conta dessas relações.

Já mencionei antes que existem poucas diferenças sociais no grupo de usuários, mas que os "vapores" são oriundos de classes subalternas. Na relação entre usuários e vendedores há sem dúvida interesse material, uma impessoalidade que é característica marcante da economia monetária.[84] A confiabilidade compreendida como uma adequação de confiança é a principal moeda entre os usuários e os "vapores".

No grupo dos usuários, o segredo é uma mediação importante, porque influencia de maneira decisiva as relações, criando aquilo que

---

[84] Simmel, 1967.

De Olhos Bem Abertos

Simmel chama de "acordo de almas". As amizades estabelecidas dentro do grupo de usuários são influenciadas pela discrição, o que parece muito significativo, uma vez que o ideal da amizade pressupõe uma intimidade absoluta entre os indivíduos. A intimidade requerida pelas relações de amizade, com a sensibilidade moderna mais complexa e *diferenciada*, acaba criando tipos de amizades que se dirigem a *aspectos isolados da personalidade*. Um usuário pode ficar meses sem ver um indivíduo considerado amigo, mas, quando se encontram, trocam abraços fraternos e desenvolvem tertúlias, entre outras trocas afetivas. Ou seja, ainda que os encontros fiquem restritos a um espaço delimitado, trata-se de uma relação pessoal e privada, e mesmo a distância geográfica — ao contrário do que afirma Aristóteles — não provoca o esquecimento.

Os usuários afirmam com freqüência que é importante não ser espalhafatoso, não só durante a transação comercial, mas também durante o ato do consumo da droga. Um exemplo disso é um indivíduo que tem o hábito de aparecer num determinado bar de Copacabana e ali se encontrar com vários amigos, alguns deles eventuais consumidores de cocaína. Todos sabem que ele é um usuário voraz. Mas, quando do aparece outro amigo — este um amigo "prestativo" —, ambos saem para outros circuitos do bairro em busca de cocaína. Os amigos que ficam — os eventuais consumidores de drogas — sabem o que eles vão fazer. Mas não sabem exatamente para que local estão indo; pode ser um quiosque, uma boate, ou um bar perto da favela. Todavia, a discrição é sempre mantida. Discrição que, nos termos de Simmel, não significa ter respeito pelos segredos do outro e, sim, abster-se de tomar conhecimento de tudo que o outro não quer revelar.

É comum os usuários comentarem dentro do grupo em que situação conheceram o outro, as dúvidas que tinham sobre seu caráter. Isso ocorre, em geral, logo depois da obtenção da cocaína, quando o grupo se reúne em algum apartamento e, antes do consumo da droga, quando todos desfiam narrativas sobre o outro. A propósito, esse ritual do uso da cocaína é vivenciado por vários indivíduos. Após os eventuais solavancos da transação, chega o momento mais aguardado. O do alívio e da satisfação. Há um relaxamento geral e têm início as brincadeiras mútuas. É quase como se fizesse parte do jogo, como uma obrigação assumida com o outro. Cabe aqui uma referência a Radcliffe-Brown, quando o antropólogo inglês fala da *joking relationship*, na qual existe o costume e a indulgência de perturbar o outro, que por sua vez não pode se sentir insultado. Radcliffe-Brown sugere que uma relação com essas características é um conjunto de convívio íntimo e ameno, com incompatibilidades, emergindo situações que ficam na fronteira do conflito e que requerem dos participantes uma fina sensibilidade para não serem cometidos excessos, que, em alguns casos, podem levar a uma condição de guerra. Na situação específica dos usuários e traficantes de drogas ilegais, a possibilidade da guerra está ainda mais presente, embora na "pista" de Copacabana não se viva o mesmo grau de conflito observado em outras áreas do Rio de Janeiro.

Observei que, no ato do consumo, um tipo de relacionamento jocoso vem à tona. As declarações dos usuários reforçam a confiança estabelecida entre eles e consolidam a possibilidade de brincar, a fim de dissolver os constrangimentos mútuos decorrentes da situação vivida enquanto usuários de drogas ilegais. Após as tensões da transação com o "vapor" e da espreita da polícia, tem-se a oportunidade de consumir a cocaína sem vigilância. Nas palavras de um usuário:

> Eu não sossego enquanto eu não chego no apartamento. Não gosto muito de cheirar na rua, eu gosto de pegar uns cinco papelotes e ir para o apê do J., eu queria muito é ter um teletransporte, que nem o pessoal do *Jornada nas estrelas*. Assim que eu pegasse a "rapa" com o "vapor", eu ia direto pra o apartamento. Mesmo pegando um táxi, sempre tem um cagaço.

Um aspecto sempre ressaltado pelos usuários diz respeito à lealdade. E não apenas durante a busca da cocaína, mas também durante o ato do consumo. Certa vez, quatro usuários, depois de comprar seis papelotes de cocaína na orla, foram para o apartamento de um deles.

De Olhos Bem Abertos

Um dos indivíduos, o responsável pelo contato com o "vapor", misturou analgésico à cocaína. Um de meus informantes, presente na reunião, viu o instante em que isso aconteceu. O responsável pela manobra era amigo do dono do apartamento e, quando este soube mais tarde do acontecido, tratou de descartar o apreço pelo tal amigo. O usuário, proprietário do apartamento, assim relatou o ocorrido:

> Eu na hora não vi nada, estava no banheiro, meus dois amigos na sala, e o cara que tava com os papelotes foi direto na cozinha esquentar um prato. Depois que eu cheirei, notei que a rapa tava esquisita e também não deu aquela onda. Quando, na noite seguinte, encontrei o E., ele me falou que viu o cara pondo aspirina no papelote. Porra, eu não sei qualé do cara que faz isso, ele também ajudou a pagar a "rapa", fez o contato com o "vapor" e faz uma palhaçada dessa! Depois disso parei com ele. Até falo com ele, mas perdeu a consideração.

"Parei com ele" significa dar um tempo na relação ou até mesmo não consumir cocaína juntos novamente. A relação permanece, mas quebra-se a confiança. Perde-se a "consideração",[85] isto é, a estima pelo outro. Novamente Simmel (1971) é uma referência importante, pois sugeriu que o fato de se estar junto alarga o conceito de fidelidade e introduz um fator crucial: a situação sociológica da interação que é suspensa. Nesse caso, a sociedade se desfaz.

Em praticamente todos os relatos dos usuários ficou evidente a preocupação com a fidelidade. Vale notar que, em diversas ocasiões, lealdade e fidelidade eram exatamente o oposto de falsidade e mentira. O indivíduo que tinha o hábito de fantasiar muito ou que tinha sido pego em contradição era chamado de "caozeiro". Quanto a essa denominação, há divergências entre os usuários. Para uns, "caozeiro" é o indivíduo que é chato e se torna mais inconveniente ainda quando cheira cocaína, o que muitas vezes faz com que sua presença seja descartada. Para outros, trata-se do indivíduo que não se pode levar a sério, cujas afirmações precisam sempre ser relativizadas ao extremo. Seu

---

[85] Ver sobre o assunto Lins & Silva, 1990. Ou ainda: Alvito, 1998.

comparecimento nas negociações com os "vapores" não é requisitado, mas, quando encontrado em algum circuito, não é rejeitado.

Convém salientar que a mentira[86] também funciona como uma espécie de teatralidade, o que remete à noção de representação, presente sobretudo na obra de Erving Goffman (1985).[87] Na visão desse autor, a noção do *eu* enreda um aspecto processual. O indivíduo, por meio de um processo de *self-interaction*, relaciona-se com o mundo, expõe-se a situações e interage com o outro, momentos em que são decididos os significados das coisas. Mas, mesmo essas condutas são ambíguas, pois a confiança é amiúde testada. Com isso, não existem situações fixas e, em dado momento, um indivíduo pode ser visto como falso. Porém, basta ocorrer uma situação de extremo risco e esse mesmo indivíduo agir de modo solidário para ser visto como leal. Não se trata, pois, de teatro, já que não existe ensaio, e as experiências vividas não são estáticas, nem demarcadas previamente num texto.

Novamente o verbo "ter" introduz a possibilidade de arranjos múltiplos, que atam e desatam rapidamente as relações. Mas a mentira tem peso muito forte, porque se refere ao engano, "ser passado para trás". A confiança está sempre no "fio da navalha". A probabilidade de ser logrado está inevitavelmente presente e ronda qualquer relação. Os custos, entretanto, são diferentes, como afirma este usuário:

> Uma vez eu deixei o dinheiro com um cara que eu tinha a maior consideração, 30 pratas pra ver se ele arrumava de repente dois papéis de 15 (reais). O malandro sumiu, fiquei com um parceiro esperando no quiosque, uma, duas, três, quatro horas e o cara nada. No dia seguinte, ele veio com uma história que tinha sido assaltado perto da ladeira dos Tabajaras. Eu fiquei meio bolado. Depois, um outro amigo meu contou umas paradas do cara, que ele roubava... Não é pelo dinheiro, até que é uma merreca, mas é sacanagem, quebrei muito pra ele, e o cara vem faz uma dessa. Escorregar logo comigo!

---

[86] Ver Gaspar, 1984.

[87] Para uma crítica a Erving Goffman, consultar Sennett, 1999.

A tolerância com quem "escorrega" é tênue. Não é comum a resolução de eventuais conflitos por meio de armas ou intervenção física. De maneira sutil o usuário é excluído da convivência do lazer. Vale ressaltar que é comum um usuário falar sobre outro que está ausente. Mas não se pode afirmar que seja com a intenção de fazer intriga. Geralmente, os comentários dizem respeito à conduta do indivíduo no ato da negociação com o "vapor". Quando se detecta a fraqueza, a timidez, o medo exagerado, o usuário passa a ser deixado de lado no momento da compra da cocaína. Não deixa de ser amigo, companheiro. Participa com dinheiro, mas o fato de não tê-lo não constitui um empecilho para que utilize a droga em companhia dos outros. Mas não há espaço para heroísmos. Todas as atividades que envolvam a compra de cocaína nas ruas do bairro são muito calculadas, feitas com extrema cautela. É evidente que há indivíduos mais ousados que outros, mas atos de bravura, como desafiar a polícia, ou ser abrupto na aproximação a um "vapor", não são bem-vindos. A discrição é a alma do negócio.

CONCLUSÃO

Este trabalho buscou compreender de que maneira o tráfico de drogas ilegais se organiza em Copacabana e que formas de afinidade são forjadas pelos usuários de drogas do bairro.

Os usuários de drogas em questão podem ser considerados usuários sociais. A maioria possui família e emprego, e poucos tiveram problemas com a Justiça.

A pesquisa focalizou os circuitos da vida noturna do bairro, buscando o caráter interativo das redes que são formadas a partir de afinidades, estilos de lazer e processos sociais mais difusos, que culminam numa atividade criminosa — o tráfico de drogas —, vinculada a negócios que possuem algum tipo de organização.

Os estudos mais recentes demonstram que os crimes violentos estão ligados aos estilos de tráfico dos comandos que demarcam militarmente o espaço dos becos das favelas e das ruas. Minha etnografia sugere que, em Copacabana, os traficantes não exercem controle direto sobre a comercialização da cocaína, o que explica em parte a menor incidência de crimes violentos no bairro.

Além disso, por meio da observação participante e das conversas e entrevistas com usuários, ficou nítido que o nível de violência é mais baixo do que se imagina, e isso no que diz respeito não só à relação entre consumidores e vendedores, mas também à ação policial. Se, por um lado, o patrulhamento das ruas do bairro é intenso, não há, em contrapartida, manifestações abusivas da polícia — uma característica marcante em outros bairros e em favelas. Isso, porém, não quer dizer que a polícia compactua com o tráfico. Basta acompanhar os usuários e perceber o medo que sentem da polícia (militar). E não é para menos: são os policiais que "dão a partida" não só para a prisão, mas para um possível processo, a partir das provas obtidas no flagrante. É importante ressaltar que os policiais, por sua vez, têm maneiras muito peculiares de tratar os usuários de drogas da "pista", maneiras essas que vão da tolerância à prática da extorsão.

Os "mundos de Copacabana" são múltiplos e ao mesmo tempo fragmentados, sobretudo no período noturno, quando se dá a convivência das pessoas que não possuem vínculos com atividades transgressoras com aquelas que mergulham na clandestinidade. Convivência, mas desempenhando papéis diferentes. Alguns trabalhos têm salientado as diversas maneiras de organização do tráfico e suas conexões em rede, bem como o trânsito dos agentes entre o legal e o ilegal.[88]

Como o tráfico de drogas é uma atividade proibida por lei, cria-se uma atmosfera de medo, repressão e de sensações persecutórias. A confiança no outro é uma moeda importante. Somente depois de testes e de correr riscos, os usuários sociais cultivam a confiança, que num primeiro momento diz respeito à transação comercial. Depois, a confiança pode vir a se tornar amizade, ainda que não se estenda a outros limites espaciais. Entretanto, é preciso estar atento. As situações vividas por esses indivíduos são a todo momento permeadas de aflição, sendo praticamente obrigatório contar com o auxílio de um companheiro e/ou amigo.

A interação dos indivíduos que obtêm e consomem drogas ilegais no bairro corre os riscos que são inerentes a uma atividade como esta; por isso existe toda a dinâmica de interações que fazem com que, como disse um usuário, "sair na noite em Copacabana e buscar cocaína é fácil, mas é preciso ficar sempre de olhos bem abertos".

---

[88] Ver Zaluar, 1985, 1994, 1996 e 1998.

BIBLIOGRAFIA

ALLAN, Graham. *Friendship: developing a sociological perspective.* Boulderand, 1989.

ALVITO, Marcos. Um bicho-de-sete-cabeças. In: ZALUAR, Alba; ALVITO, Marcos (Orgs.). *Um século de favela.* Rio de Janeiro: FGV, 1998.

BIDART, Claire. *L'amitié; un lien social.* Paris: La Découverte, 1997.

CAMPELLO, Glauco. Patrimônio e cidade, cidade e patrimônio. *Revista do Patrimônio*, v. 23, p. 117-125, 1994.

CERTEAU, Michel de. Andando na cidade. In: *A invenção do cotidiano; as artes de fazer.* 2. ed. Petrópolis: Vozes, 1996.

ELIAS, Norbert; SCOTSON, John L. *Os estabelecidos e os outsiders.* Rio de Janeiro: Jorge Zahar, 2000.

FEATHERSTONE, Mike. *O desmanche da cultura.* São Paulo: Nobel, 1997.

GASPAR, Maria Dulce. *Garotas de programa — prostituição em Copacabana e identidade social.* Rio de Janeiro: Jorge Zahar, 1984.

GEFFRAY, Christian. *Effects sociaux, économiques et politiques de la pénétration du narcotrafic en Amazonie brésilienne.* Paris: Orstom, CNPq, Musée Goeldi, 1996. (Rapport d'Activité, 2).

GIANNOTTI, José Arthur. Sobre a amizade. *Folha de S. Paulo*, 15 ago. 1993.

GIDDENS, Anthony. *As conseqüências da modernidade.* São Paulo: Edusp, 1998.

GOFFMAN, Erving. *A representação do eu na vida cotidiana*. Petrópolis: Vozes, 1985.

LEEDS, Elizabeth. Cocaína e poderes paralelos na periferia urbana brasileira. In: ZALUAR, Alba; ALVITO, Marcos (Orgs.). *Um século de favela*. Rio de Janeiro: FGV, 1998.

LIMA, Roberto Kant de. A cultura jurídica e as práticas policiais. *Revista Brasileira de Ciências Sociais*, v. 4, n. 10, 1989.

LINS, Paulo; SILVA, Maria de Lourdes da. Bandidos e evangélicos: extremos que se tocam. *Religião e Sociedade*, v. 15, n. 1, 1990.

NASCIMENTO, Jorge Luiz de Carvalho. A droga como crime: discriminação racial? Rio de Janeiro, 1981-1999. 2000. Dissertação (Mestrado) — Programa de Pós-graduação em Ciências Sociais/Uerj, Rio de Janeiro.

NEIBURG, Federico; WAIZBORT, Leopoldo (Orgs.). *Dossiê Norbert Elias*. São Paulo: Edusp, 1999.

PAIXÃO, Antônio Luís. A organização policial numa área metropolitana. *Dados*. Rio de Janeiro, v. 25, n. 1, 1982.

————. Problemas sociais, políticas públicas: o caso do tóxico. In: ZALUAR, Alba (Org.). *Drogas e cidadania*. São Paulo: Brasiliense, 1993.

PARK, Robert. A cidade: sugestões para a investigação do comportamento humano no meio urbano. In: VELHO, Otávio (Org.). *O fenômeno urbano*. Rio de Janeiro: Zahar, 1967.

RADCLIFFE-BROWN, A. R. *Structure and function in primitive society*. London: Cohen & West, 1952.

RESENDE, Claudia Barcellos. Friendship among some young English men and women resident in London (1991-1992). London: University of London, 1993. (PhD Thesis).

————. Amizade, igualdade e diferença: uma comparação entre discursos no Rio de Janeiro e em Londres. In: *Simpósio Internacional O Desafio da Diferença: Articulando Gênero, Raça e Classe*. 2000. (Comunicação apresentada no GT The Social Anthropology of Race, Class and Gender.)

SALAMA, Pierre. *Macro-economie de la drogue*. Paris: Greita-Cedi, 1993. ms.

SASSEN, Saskia. *The global city*. New York, London, Tokyo: Princeton University Press, 1991.

SENNETT, Richard. *O declínio do homem público*. São Paulo: Companhia das Letras, 1999.

SILVER, Allan. Friendship and trust as moral ideals: an historical approach. *Archives Européenes de Sociologie*. San Francisco, Westview Press, v. 30, n. 2, p. 274-297, 1989.

SIMMEL, Georg. Faithfulness and gratitude. In: WOLFF, Kurt H. (Ed.). *The sociology of Georg Simmel*. New York: Free Press, 1964.

―――. A metrópole e a vida mental. [1902]. In: VELHO, Otávio (Org.). *O fenômeno urbano*. Rio de Janeiro: Zahar, 1967.

―――. *On individuality and social forms*. Chicago: University of Chicago Press, 1971.

―――. *Georg Simmel: sociologia*. Org. Evaristo de Moraes Filho. São Paulo: Ática, 1983. (Coleção Grandes Cientistas Sociais).

TULLIS, Lamond. Unintended consequences: illegal drugs and drugs policies. In: *Nine countries*. Boulder: Zynne Riennel, 1995.

UNDCP. *World drug report*. London, New York: Oxford University Press, 1997.

VELHO, Gilberto. *Individualismo e cultura: notas para uma antropologia da sociedade contemporânea*. Rio de Janeiro: Zahar, 1981.

―――. Estilos de vida urbano e modernidade. *Estudos Históricos*. Rio de Janeiro, v. 8, n. 6, 1994.

———. *Nobres & anjos*. Rio de Janeiro: FGV, 1998.

——— (Org.). *Antropologia urbana: cultura e sociedade no Brasil e em Portugal*. Rio de Janeiro: Jorge Zahar, 1999.

———; MACHADO, Luiz Antônio. Organização social do meio urbano; anuário antropológico. *Tempo Brasileiro*. Rio de Janeiro, n. 76, 1977.

ZALUAR, Alba. *A máquina e a revolta*. São Paulo: Brasiliense, 1985.

———. *Condomínio do diabo*. Rio de Janeiro: Revan, UFRJ, 1994.

———. Crime, medo e política. *Sociedade e Estado*. Brasília, v. 10, n. 2, jul./dez. 1995.

———. A globalização do crime e os limites da explicação local. In: VELHO, Gilberto; ALVITO, Marcos (Orgs.). *Cidadania e violência*. Rio de Janeiro: FGV, UFRJ, 1996. p. 48-68.

———. As imagens da e na cidade: a superação da obscuridade. *Cadernos de Antropologia e Imagem*. Rio de Janeiro, Uerj, n. 4, p. 107-119, 1997.

———. Para não dizer que não falei de samba: os enigmas da violência no Brasil. In: *A história da vida privada no Brasil*. São Paulo: Companhia das Letras, 1998. v. 4.

———. Violência, dinheiro fácil e justiça no Brasil. In: ACSELRAD, Gilberta (Org.). *Avessos do prazer: drogas, Aids e direitos humanos*. Rio de Janeiro: Fiocruz, 2000a. p. 51-74.

——— (Org.). Redes de tráfico e estilos de consumo de drogas ilegais em três bairros do Rio de Janeiro: Copacabana, Tijuca e Madureira. 2000b. (Sumário Executivo de Pesquisa).

———; ALVITO, Marcos. *Um século de favela*. Rio de Janeiro: FGV, 1998.

ZUKIN, Sharon. *The culture of cities*. Oxford: Blackwell, 1995.

Esta obra foi impressa pela
Sermograf Artes Gráficas e Editora Ltda. em papel
offset Master Set para a Editora FGV
em outubro de 2003.